JN216683

# 逆転の大中国史

## ユーラシアの視点から

楊 海英 静岡大学人文社会科学部教授
Yang Haiying

文藝春秋

目次

# 逆転の大中国史　ユーラシアの視点から

## 「シナ＝中国」と「ユーラシア東部」の国家の変遷表

| 年代 | シナの王朝 | ユーラシア遊牧民世界 |
|---|---|---|
| 紀元前21世紀〜前16世紀頃 | **夏**。タイ系の言葉を話す夏人の伝説上の最古の王朝。 | シベリア南部バイカルにキトイ文化勃興。新石器時代。紀元前8000〜前6000頃まで、今日の内モンゴル自治区東部に紅山文化隆盛。 |
| 〜前1027頃 | **殷**。現在の中国東北満洲地域の森林から出現して中原に入った殷人集団が建設した王朝。甲骨文字出現。 | シベリア南部ミヌシンスク盆地中心にアンドロノヴォ文化。独自の青銅器文化発展。草原部で西より伝わる馬車使用。 |
| 前1027〜前256 | **周**。仰韶文化圏の西北部から出現して中原に入った王朝で、開祖は武王。前771年、北アジアの遊牧民、夷戎の進攻を受けて、都を鎬京（長安）から洛陽に遷す。以降東周と呼ばれ、それまでの時代は西周。遊牧民の圧迫により周王室の力が弱まり、春秋戦国時代が幕開け。東周時代から前403年までを春秋時代と呼び、それ以後は戦国時代。 | ザバイカル・モンゴリア文化勃興。シベリアにタガール文化興隆。スキタイ文化と交流。シベリア南部ミヌシンスクとモンゴル高原に遊牧民による巨大古墳クルガン建設が盛んとなり、巨大王権出現。ユーラシア北東部にスキタイ・シベリア文化隆盛。遊牧民世界にオルドス式青銅器文化勃興し、シナの青銅器に影響を与える。 |
| 前771〜前206 | **秦**。先祖は西北部の遊牧民に出自をもつ秦が前221年に諸国を滅ぼして中国最初の統一王朝を建国。初期漢人の雛形集団が形成される。匈奴の南進に備えて長城建設。 | 匈奴の世界的活躍はじまる。モンゴル高原西部アルタイ地方にパジリク文化隆盛。 |
| 前202〜後8 | **漢**。前202年、劉邦（高祖）が漢を建国。都は長安。漢人最初の王朝。東アジアに匈奴と漢二国併存。匈奴の影響は遥かユーラシアに及ぶ。 | 紀元前209〜前174、ボグド（冒頓）単于治世。匈奴、西に月氏を討ち、漢の皇帝劉邦軍を撃破。漢から匈奴帝国に絹と女性を提供され、臣従の礼を取る。 |

| | | |
|---|---|---|
| 25～220 | 後漢。シナでは25年に劉秀（光武帝）が漢朝を再興し、都は洛陽。 | ノイン・ウーラ文化。57年、匈奴乱れ、後に帝国南北に分裂。匈奴、西域諸国を支配下に、北匈奴は1世紀頃から緩やかに西走し、4世紀後半にヨーロッパにフン族として現る。 |
| 220～420 | 三国時代。シナでは184年の黄巾の乱の後、魏と呉、蜀、晋の時代へ。一時、総人口約450万人に激減し、初期漢人絶滅とみなされる。 | 鮮卑系勢力、南匈奴の残党を統合し勃興。316年五胡の乱により西晋と東晋に分裂。西晋の滅亡により、華北に鮮卑拓跋系の五胡十六国時代開幕。遊牧と農耕文化の双方が繁栄。 |
| 439～589 | 南北朝時代。396年、拓跋珪（道武帝）が北魏（398～534）を建国。439年、シナ北部を統一した。534年、内乱が起こり北魏は東魏（534～550）と西魏（534～556）に分裂。550年、東魏の高洋が帝位につき、東魏の国号を北斉に。557年、西魏の宇文覚が帝位につき、西魏の国号を北周（557～581）に。いずれも鮮卑拓跋系の王朝で、漢語のアルタイ系言語化すすむ。407年に匈奴系の赫連勃勃独立し、413年にトゥメン城建設。418年、赫連勃勃長安を陥る。北アジアに仏教文化興隆。一方、南部では420年、東晋の劉裕（武帝）が帝位につき、国号を宋（420～479）に、都は建康（南京）。479年、斉王の蕭道成が帝位につき、国号を斉（479～502）に。502年、蕭衍が斉の帝位につき、国号を梁（502～557）に。557年、陳覇先（武帝）が梁の帝位につき、国号を陳（557～589）に。シナ南部では三国時代の呉から、東晋→宋→斉→梁→陳と変遷をくりかえす。 | |
| 581～618 | 581年、鮮卑系の楊堅（高祖文帝）が北周の国を奪って帝位につき、国号を隋に。鮮卑系王朝、シナを統一。 | 552年、テュルク帝国建立。 |
| 618～907 | 618年、李淵が帝位につき、国号を唐とした。鮮卑系王朝によるシナ支配一層強化。 | 583年、テュルク帝国東西に分裂。西テュルク、西走。8世紀中葉、モンゴル高原にウイグル帝国。840年、キルギス人、ウイグル帝国を破る。 |

| 時代 | | |
|---|---|---|
| 960〜1279 | **キタイとタングート、宋**の三国鼎立時代。まず916年、耶律阿保機キタイ建国。960年、後周の趙匡胤が帝位につき、国号宋。趙一族もテュルク系出自との説あり。1038年、タングート人の大夏国建国。1115年、女真人、大金国を建設し、1127年、金が宋の国都を占領し、華北が金領に。宋は、江南に逃れて臨安（杭州）を国都に偏安王朝建設。シナに遼・金・夏三国鼎立。シナ人王朝は宋のみ。 | |
| 1271〜1368 | 1206年、テムジン、チンギス・ハーンと称す。モンゴル帝国のフビライ・ハーンがシナに進攻して、大都（北京）に都を構えてシナを支配。1271年、国号を**元**とす。1279年、南宋を滅ぼして、シナ全土をその支配下に。 | |
| 1368〜1644 | シナ人の小王朝、**明**誕生。海上貿易を禁止し、海禁政策貫徹。 | 草原にもどったモンゴル人はひきつづき大元と称し、ユーラシア中央部と交流。西モンゴルの一部、遥か西のボルガ流域へ移動。 |
| 1616〜1912 | 満洲人、1636年にシナ人の明を滅ぼし**清**を樹立。以降、マンジュ人とモンゴル人の支配はじまる。1911年、モンゴル高原が独立。南モンゴルは漢人軍閥に占領される。南中国で辛亥革命が起り、翌年に中華民国出現。漢人が支配者となる中国出現。 | |
| 1912〜1949 | **中華民国**。1949年、漢人の中華民国政府は台湾に移り、大陸では中華人民共和国政権樹立。漢人が全国の支配者に。 | モンゴル高原のボグド・ハーン政権が1924年にモンゴル人民共和国に変身。南モンゴルの一部が満洲国に編入、一部が徳王のモンゴル自治邦建立。 |
| 1949〜 | 漢人が支配者となる**中華人民共和国**で一党独裁政権継続。1966〜1976年の間に文化大革命勃発。南モンゴルでモンゴル人大量虐殺（ジェノサイド）発生し、チベットとウイグルでは宗教が否定され、虐殺もおこなわれる。 | |
| 備考 | 1912年まで、シナ人＝漢人が支配者となった歴史は漢王朝の405年間と明王朝の276年で、合計681年。宋は地方政権に過ぎない。 | |

装　幀　石崎健太郎
ＤＴＰ　エヴリ・シンク

# 逆転の大中国史　ユーラシアの視点から

# 序章　中国の歴史を逆転してみる

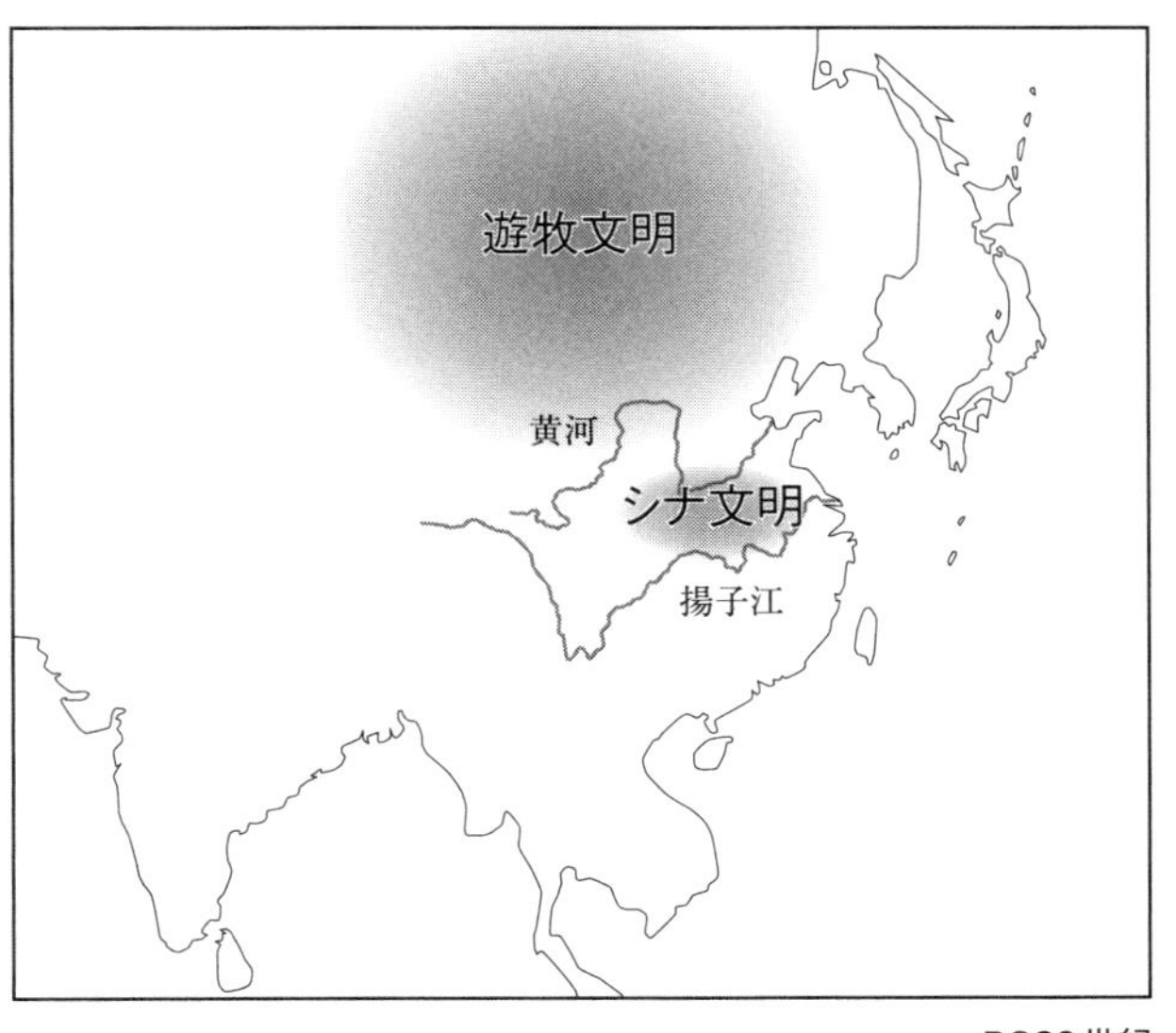


BC20世紀

## 一　想像の「中国四千年史」

### 「中国史」・「中華文明」という呪縛

いわゆる「中国史」に対して、モンゴル出身の私は少なからぬ違和感をおぼえてきた。

曰く、古代より広大なアジア大陸に、ほかとは隔絶した高い文明をきずきあげてきた「漢民族」（この「漢民族」についての誤認識の数々については第一章でくわしくのべる）。その豊かさゆえに、しばしば北方から、戦争はつよいが、「野蛮な」遊牧騎馬民族が襲来し、一時的にはかれらが支配者となるが、圧倒的な漢文明によって「漢化＝文明化」されると、アイデンティティをうしなっていく。かくして王朝の主はかわりはするが、偉大な中華文明のかがやきは普遍的かつ不変のものとしてうけつがれてきた。ざっとこんなストーリーだ。中国人ばかりか、日本人のあいだでも、大枠でこうした「中国史」をまなんできた人は少なくないのではないだろうか。

しかし、こうした「中国四千年の歴史」は、いわば中国人の天真爛漫な願望や空想をのべたものにすぎず、実際に、あの地域（以下シナ地域とよぶ。なお、シナという言葉の使い方については第二章参照）でおきた歴史とはおおきくことなっている。

そもそも黄河文明がシナ中心地域（現在の河南省周辺）でおこったのは事実だが、考古学による研究がすすむにつれ、その古代文明と現在の「中国人」とでは、文化的にも、人種的にも断絶している事実が明らかになっている（この点について、詳しくは第一章参照）。

現在のギリシャ人が古代ギリシャ文明とは直接つながっていないのと同様である。

さらにいえば、「ユーラシア史」という観点からすると、「中国史」が蛮族と位置づけてきた遊牧民が、東はシベリアから西はヨーロッパ世界にまでひろがり、文化的・人種的にも混じりあい、世界史をうごかしてきたのに対し、「漢文明」がひろがりえたところは、華北と華中のいわゆる中原（ちゅうげん）を中心としたローカルな地域にとどまっていた。そもそも現在では中国でももっとも経済的に発展している南部の長江（揚子江）流域でさえ、五世紀の南北朝時代になって、やっと本格的な開発がはじまったほどだった。「漢（シナ）文明」は普遍的な世界文明のひとつというよりも、ローカルな地域文明だと考えたほうが実態に近いのではないだろうか。

そして、もうひとつ「中国史」の大きな問題点は、それが一種の「被害者史観」となっていることだ。

つまり、「漢民族」はつねに、異民族からの侵略にさらされつづけてきた、というストーリーである。近代以前は、北方の遊牧民族、近代以後は海をのりこえてやってきた西洋列強、そして日本が、その「敵」に擬せられてきた。

しかし、よく考えてみれば、国民国家成立後の近代ならばまだしも、それ以前において、シナ地域がある特定の民族のものだった、という主張はなりたたない。さまざまなルーツ、文化と生活形態をもつ集団がダイナミックに流動し、繁栄と変容をくりかえしてきたのが、ユーラシア大陸の歴史であり、事実としての「中国史」なのである。

ユーラシアの一員であるモンゴル人の見方では、いわゆる漢民族中心の「中国史」は、かれらのローカルでありながら、自分たちは普遍的だと信じこんでいる世界観と、被害者意識の混合物にほかならない。そして、重要なのは、現在の中国において、こうした「漢民族中心主義」がますますつよまっていることである。かれらは「漢民族」ならぬ「中華民族」を標榜するが、もちろん、これはモンゴルやチベット、ウイグルなどの民族問題に配慮した政治的ないいかえにすぎない。強引に他者を包摂し、同化しようとした政策はまた新たな対立をうんでいる（写真1）。

現在の中国がかかえる深刻な民族問題や外交上のトラブルの多くは、他民族、他文化、宗教への不寛容、および関心の低さのあらわれだといえる。そして、その背景にあるのは、「中国＝漢民族を天下の中心、世界の中心とみなす」、いわゆる「中華思想」なのだ。

## 異民族統治下の繁栄

写真1　二〇一六年現在、内モンゴル自治区の首府フフホト市内にたつ看板。中国人の習近平が唱える「中国の夢」のひとつとして、「文明」化が強調されている。モンゴル人も漢民族風の住居に住み、漢民族の琴をひくのが理想的とされている絵である。モンゴル人はこのような中国風のプロパガンダ絵をみただけで気分が悪くなる。写真提供:Jibkhulang

事実、シナ地域の歴史をたどれば、ユーラシアにまたがって交易をおこない、国際的な文化が花開いた時期がある。たとえば日本との交流もさかんだった隋・唐、世界最大の帝国とされるモンゴル帝国（元）、清などの繁栄は、まさにアジアの大帝国とよばれるにふさわしい。だが、これらはいずれも非漢民族による征服王朝なのだ（五頁の「シナ＝中国」と「ユーラシア東部」の国家の変遷表を参照）。端的にいえば、遊牧民が建立（こんりゅう）した王朝であった。

たとえば、六世紀の終わり、三百年ぶりにシナ地域を統一した隋は北方遊牧民のひとつ、鮮卑拓跋（せんぴたくばつ）系（紀元前三世紀から六世紀にかけてシナ北部に存在した遊牧騎馬民族。五胡十六国時代、南北朝時代には南下してシナに北魏などの王朝を建てた）の王朝だった。第三章でもふれるが、それが漢人編纂の後の史書では、後漢の名臣、楊震（ようしん）の子孫であると「シナ化」されてつたえられてきたのである。隋につづく唐も鮮卑拓跋系で、首都長安には東アジアだけでなく、いわゆるシルクロードを介して西方からさまざまな人びとがおとずれ、商業活動や文化活動が展開された。

　唐が国際的な大帝国となった原因のひとつは、実力があれば、民族や宗教などに関係なく登用するという寛容さにあった。遣唐使として渡った阿倍仲麻呂が唐王朝で官僚として重用され、李白・王維といった一級の文化人と親しくつきあったのもその一例である。八世紀半ば、唐の滅亡の遠因ともいわれる「安史の乱」をおこした安禄山（北方三州を司る節度使）と史思明も、ともにソグド人（ペルシャ系）と突厥（とっけつ）の混血だった（杉山正明『疾駆する草原の征服者』。森安孝夫『シルクロードと唐帝国』）。

　こうした国際性は、文化にも大きな影響をあたえている。その代表的な例が唐詩である。岡田英弘氏の研究によれば、唐詩にはアルタイ語系の影響がつよく、その韻律の導入によって、非常な発達をとげたという（『読む年表　中国の歴史』）。そもそも詩仙とよばれた李白自身、テュルク人（トルコ系）であった可能性が高い。また「詩聖」杜甫にも「遊牧民の天幕で酒をのんで、テュルク風の踊りをたのしむのが大好きだ」という詩があるほどだ。

　元にいたっては、シナの王朝というよりも、モンゴル帝国の一部として考えたほうが実態に近い。チベット仏教、ペルシャなど中央アジア経由のイスラーム、ネストリウス派のキリスト教なども、モンゴル王朝の下では共存し、それぞれに大きなひろがりと繁栄をみせている。文芸の面でも、元曲(げんきょく)とよばれる戯曲がピークをむかえ、この時期に、『西遊記』と『水滸伝』や『三国志演義』などの原型ができたとされている。また宋代にしかれていた言論統制が元朝になるとほとんどなくなったために、さまざまな古籍が次々に印刷され、中国史上、質量ともに最大とされる出版文化も花開いたのである（宮紀子『モンゴル時代の出版文化』）。しかし、現代中国の読書人はどうしてもモンゴル時代の版本の存在をみとめようとせずに、むりやりに「宋版」や「明版」に分類しようとする。

清もまた、満洲人の王族が、モンゴル人とともにシナ地域を統治した、遊牧民族による王朝だった。多民族・多宗教政策にも力をそそいだために、「漢民族」の王朝では手が出せなかったモンゴルとチベット、それに東トルキスタン（新疆）を版図におさめたのである。『康熙字典』や『古今図書集成』、『四庫全書』の編纂などの文化事業でも傑出した成果をあげたことはよくしられている。

こうしてみてくると、漢民族中心主義ではなく、異民族による国際主義によって統治された時代こそ、「中国」がもっとも栄えた時代だという事実がわかるだろう。

## 伸縮自在の自己中心史観

話はふたたび「中華思想」にもどる。この「漢民族」にとってのよりどころであるとともに、足かせでもある思想は、どのように形成されてきたのだろうか。

私の考えでは、古代シナの都市国家において成立した「原・中華思想」と、その後、遊牧民族および近代西洋との緊張関係のなかで形作られ、そして歪められた「コンプレックスとしての中華思想」におおきく分けられる。

まず、古代のシナ地域、ことに中原とよばれた華北の高原地域では、農耕を基盤として、四囲を高い城壁で囲いこみ、外敵の侵入を阻む都市国家が成立した。その城壁の内側こそが「天下＝世界」であり、外側には非文明、非文化的な荒野がひろがっているというイメージである。これが「原・中華思想」だろう。

ここで重要なのは、こうした都市国家には、国境という概念が存在しなかったことだ。たとえば、日本のように山河の起伏に富んだ地域では、山や川、もしくは海が自然の国境となる。そのため、日本人の根底には、「この川と山を境に、自分たちが住むムラと、向こう側に別のムラが存在する」という、地理的環境にもとづいたアイデンティティがうまれる。

しかし、古代シナでは、そうした自然的国境の概念にとぼしかった。「遍(あまね)く天下はすべて王土である」という表現があるように、都市国家の人口や富が増加し、つよい権力や高い軍事力をもつ指導者が出現すると、「国土開拓」と称して、壁をどんどん外側へと拡張していく。一方で王の力が弱ければ、支配範囲を限定していき、城壁の規模を縮小させる。国境とはあくまでも人工的なものなのだ。

写真２　長城の西、嘉峪関の関所。高い城壁に囲まれた家に住むと、中国人は安心感が得られる。ここから北へ、西へ行くと、もはやシナではない、と中国人自身が政治的な線引きした場所だ。

こうした考え方は、いまの中国人にも共通している。たとえば世界各地に存在するチャイナタウンは、城壁都市国家の現代版だといっていい。

また、現在、アフリカのインフラ投資を積極的におこなっている中国だが、そこでもアフリカの現地民を雇用するようなことはしない。低所得層の自国民を大量に外国につれていき、そこで働かせている。これも、どこであろうと、人工的に囲われたエリアに集団で入植して住みつけば、そこは自分たちの土地になる、という素朴な城壁都市的発想なのだ（写真２）。

かれらシナ人、中国人にとって、国境とは、国力が高まれば自由に変更可能なものなのである。

北方民族に侵略されたという意識はもつが、自分たちがモンゴル平原や新疆（東トルキスタン）に侵入しても、「侵略した」という意識は皆無である。近年さかんにすすめられている南シナ海への進出についても同様で、もしも「九段線（中国が南シナ海での領有権を主張するために独自に設定した九本の境界線）までは自国の領海だ」という主張が通れば、つぎは当然のように、「マラッカ海峡までが中国だ」と拡張していくはずである。なぜなら中華思想に依拠すれば、「遍く天下＝世界は、王土＝中国領である」からだ。

## 二　文明史観と遊牧史観

### 文明史観からの思考

もっとも、「自分たちこそが世界の中心だ」という自文化中心主義は、ある意味、世界のあらゆる集団でみられる一般的な考え方だともいえよう。「中華思想」が厄介なのは、それが他民族との接触によっておおきく歪んでしまったことだ。端的にいえば、遊牧民族とのあいだでの戦いでのたびかさなる敗北のなかで、現実を否認して、「自分たちは敗れたが、野蛮な敵よりも、文明的であり優っている」。これがさらに嵩じて「自分たちは文明的で優った民族だから、野蛮人に負けるはずがない。現実の方がまちがっている」という虚構をつくりあげてしまったのである。そして近代以降は、その「敵」が西洋列強ならびに日本におきかえられた。

私は、中国と周辺民族との関係を理解する上で、近代以前については梅棹忠夫『文明の生態史観』、近代以降については川勝平太『文明の海洋史観』がうちだした理論的枠組みが有効だと考えている。この二つの理論は、いずれも「なぜ日本とヨーロッパだけが近代化に成功したか」という問いへの挑戦なのだが、私はこれをひっくりかえして、中国を客観的に理解するためにつかおうと思う。この二つの文明史観は遊牧民の見解、遊牧文明からの史観とも近いからである。

まず梅棹理論からみていこう。

そこでは、新大陸をのぞく世界が、ばっさりと第一地域と第二地域に分けられる。第一地域が日本と西ヨーロッパであり、第二地域がユーラシアおよび北アフリカである。このうち、古代において帝国を形成し、文明が発達したのが第二地域だ。第一地域は「全然問題にもならない」辺境にすぎない。しかも、ギリシャ・ローマの地中海文明は、西欧文明とは「べつのものだとおもう」とされている。

そして第二地域は、気候的に中央に巨大な乾燥地帯があり、古代文明はその乾燥地帯か、そのまわりのサバンナで発展した。問題はここからだ。梅棹は「乾燥地帯は悪魔の巣だ」と断じる。その中央からは、遊牧民を主流とした破壊的な暴力をふるう集団があらわれ、第二地域で暴れまわる。その結果、「建設と破壊のたえざるくりかえし」がおき、近代化という「あたらしい革命的展開」にいたるまで成熟することができない。

それに対し、第一地域は「めぐまれた地域だった」。中緯度温帯、適度の雨量、たかい土地の生産力と並べる梅棹が強調するのは、「なによりも、ここははしっこだった」こと。したがって「中央アジア的草原からの暴力」がほとんどおよばなかった、というのである。

梅棹史観のおおきな特徴は、人間の歴史を、自然界におけるサクセッション（遷移）という概念でとらえていることだ。「遷移」とは、植物や動物などで構成される生態系が相互作用によって、時間の推移や状況の変化によって、最適な生活様式をかえていくことである。それによって、古代では最適な環境だった第二地域（シナやインドなど）にかわり、第一地域（日本、ヨーロッパ）が優越した、と論じたのだ。梅棹理論はこの後、さまざまな発展をしめすが、ここで私は「中央アジア的草原からの暴力」「乾燥地からの暴力」と表現された遊牧民族と中国との関係を論じてみたい。

じつは私は、生前の梅棹氏に直接、こんな質問をしたことがある。

私はじつはモンゴルの出身なのですが、梅棹先生は遊牧民族の文化、生き方を実際に調査し、高く評価しているのに、なぜ「悪魔の巣」とか「ものすごくむちゃくちゃな連中」と表現するのですか、と。

そのとき、梅棹氏は、京都弁で「いやあ、あれはパワーや」と答えてくれた。これはなかなか絶妙な答えだと、私も思う。では、遊牧民族の「パワー」とは何だったのか。

## 歴史の駆動力としての遊牧

まず具体的に思いうかぶのは、「軍事力」だろう。中華思想の色メガネでみてしまうと、「遊牧民族の軍事力＝野蛮で粗野で乱暴」というイメージがかたまってしまうが、実際にはおおきくことなる。「軍事力」とは、その当時の科学技術や社会システム、集団としての結束力、情報収集能力など多種多様な要素の総合体なのだ。たとえば、いま世界で最強の軍隊をもつのは疑いもなくアメリカだが、そのつよさを「野蛮だから」と説明する人はまずいないだろう。

遊牧民族の「つよさ」をささえた技術のうち、もっとも重要なものは「アニマル・パワー」である。一言で牧畜といっても、自然に放置しておけばいいわけではない。馬、牛、ラクダといった大型動物を飼い慣らし、育成し、管理する技術は、それ自体が高度な文明だった。遊牧生活で重要なのは、遊牧に適した草原をさがし、他の集団とも調和して移動することだ。馬、牛、ラクダ等は、広域な地域での移動における駆動力をもたらすことになった（写真３）。

写真３　高度の管理、放牧技術がもとめられる遊牧民。ヒツジの群れを追っていく風景。独特な掛け声を発し、牧草地の観察も怠らない。「生きている動物をあつかうのは、農民が作物をつくるのと同じくらい大変な仕事だ」と遊牧民は認識している。

また、青銅や鉄製の武器も、アニマル・パワーをつかえば、容易に運搬できる。馬車の利用でも、西アジアはシナ地域に先行しており、だんだん東につたわったことがわかっている。

さらにおおきいのが、情報力だ。遊牧は農耕にくらべ、気象などの環境の変化がダイレクトに影響する。そのため、土地の状況などの情報の精度が死活の問題となる。一定の地域にとどまる農耕民族と比較して、遊牧民は広大なエリアを移動して、見聞、調査をくりかえすため、よりグローバルな情報を手にしていた。その意味では、遊牧民の方でも「世間が狭い」農耕民を軽侮する傾向があったことも事実である。その情報力は通商にも生かされる。運搬能力が高く、さまざまな地域を行き来して、そこの産品やマーケットのニーズがわかる遊牧民は、すぐれた商業民でもあったのだ。

社会構造でも、農耕民と遊牧民族はおおきくことなる。同じエリアで、基本的に同種の作物をつくりつづける農耕民が文化的にも人種的にも同一性志向が高いのに対し、遊牧民の場合、広大なステップを移動し、遊牧で生きぬくなかで、それぞれの民族が固定化した縄張りをもつこと自体が不可能だった。離合集散をつづけながら、ことなるバックグラウンドをもつ相手でも、情報を交換し、共存する必要が、遊牧民族の寛容性につながっていったと思われる。

また有力な集団があらわれると、こぞってそのメンバーに潜りこむ要領の良さももとめられた。ペルシャの歴史家で、モンゴル帝国期の宰相となったラシード・ウッディーンは著書である歴史書『集史』のなかで、「ステップの連中は皆、ほら吹きになった」とかたっている。ユーラシア地域でモンゴルが強大な帝国となると、一帯の遊牧民はみなモンゴルを自称するようになった、というのだ。同様に、テュルク（トルコ系の言語を話していたと思われる突厥、ウイグルなどの諸集団を一括りにした呼称）が強大であればテュルクを自称する。ペルシャ人からすれば、なんと都合のいいほら吹きだと思えたのだろう。しかし、遊牧民にとっては特別なことではない。そのとき、自分たちの価値観にかなった統治システムと生活様式、それに道徳観念などをそなえた集団が出現したら、血統や出身地域など関係なく、その一員にくわわるのが、遊牧民の生き方なのである。また、うけいれる側も、きわめてオープンにそれに対応する。だから、モンゴル人の集団に、テュルク人やチベット人、もっといえばシナ人やペルシャ人、ヨーロッパ人や日本人が参入しても、なんの不思議もない。

軍事力と情報力、そして流動性と開放性の高い組織原理。これが遊牧民のパワーであり、農耕民にとっては破壊的な脅威でもあったのだろう。

## 想像の「中華文明」

さて、ここまで批判的に論じてきたが、古来、シナ地域の農耕民が高い文明をきずいてきたことはいうまでもない。漢字という表意文字を発明し、もともとちがう言葉を話していた、こととなる都市国家間でのコミュニケーションを可能にし、儒教をはじめとするさまざまな思想をうんだ。農業生産をもとに、青銅器など先進的な文物ものこしている。秦の始皇帝によりシナ地域の統一がはかられ、漢の武帝の時代にはモンゴリア南部からベトナムまで、勢力をのばした瞬間もあった。

そうした高い文明を自負していただけに、遊牧騎馬民族に敗北を喫したときのダメージもおおきかった。ひとつ典型的な例をあげるならば、一〇〇四年、北宋と契丹(きったん)人の王朝、遼とのあいだにむすばれた「澶淵(せんえん)の盟(めい)」である。このとき華北に攻めこまれた宋は、毎年、絹二十万匹と銀十万両を遼にしはらうことで、和議をむすんだが、これは、王朝の正統性にこだわるシナ人にとって、屈辱的なものとうつった。その結果、あくまでも自分たちの王朝を正統と言い通し、遼や西夏(タングート)、金といった北方民族の王朝を「夷狄」と貶(おとし)める「敗者のコンプレックスとしての中華思想」が一気に表出されるようになったのである。

それはまず文字の上にあらわれた。東夷・北狄・西戎・南蛮という言葉は古代からあったが、遊牧民を指しめす漢字に、けものへんを頻繁にもちいるようになる。また、地名にも、中華思想的な表現が大量に用いられることになった。たとえば「定南」は、その文字がしめすとおり、南を定める、つまり征服したという意味。「定東」と同様に「鎮西」、すなわち西を鎮めるという意味の地名と、東を平定するとの「平東」、遠くを綏らかにするとの意の「綏遠」などもある。興味深いのは、いずれも実態に即していなかったことだ。当時、まだ支配のおよんでいない地域に勝手に名称をつけているにすぎず、つまりは、言葉によるヴァーチャルな統治が先行しているのである。

もちろん、そんなことをしても、異民族の軍事的脅威という現実はかわらない。ただ自分たちが優越感のなかに浸り、最終的には、自分の嘘を現実だと信じこんでしまえば、それでいいのである。これが、中国人の政治統治における心理である。

このように、事実から目をそらし、自分たちに都合のいい願望を一方的に表明することで、優位を確立しようとする心性は、いまにもつながる「中華文明」の宿痾となってしまった感がある。

それは、歴史とのむきあい方にもあらわれている。つまり、事実にむきあうのではなく、自分たちの都合のいいところだけとりこむのだ。だから、異民族による征服王朝であることがわかっていながら、「偉大な漢民族にとって隋唐時代がもっとも華やかな王朝であった」とか、「元朝は、中国がもっとも強大な領土を保有した時代だ」と平気で嘘をつく。そればかりか、「チベットやモンゴルは清朝の一部だったのだから、いまも自分たちの領土のはずだ」と、現在の侵略的支配や搾取を肯定する論理に利用するのである。

## 孔子の教えはうけいれられていなかった

思想の面では、中国において、自分たちにとって心地よい願望と現実との混同におおいに利用されたのが、儒教だった。たとえば、日本人が愛読しつづけてきた「論語」。そこで孔子のかたる教えはたしかに高い倫理、つよい責任意識など、尊重しまなぶに足るものだろう。そして素直な日本人は、中国とはみな「論語」に描かれたような理想的な世界観や高潔な生き方を実践している「聖人の国」である、と長年思いこんできた（栗田直樹『共産中国と日本人』）。

しかし、中国の実態はまるでちがう。漢字の学習は難易度が高く、シナ地域でもこれを自在にあやつれる者は稀だった。そのため、論語を理解するのはごく一部の読書人階層にすぎない。そもそも孔子のとなえた政治思想は、かれの生前、どこからもうけいれられず、諸国を放浪するほかなかった。つまり、実践されることのなかった、理想の世界をかたったものなのだ。

中国の現実はつねに儒教の教えよりもはるかに苛酷でありつづけた。しかし、その現実との乖離（かいり）がかえって、「儒教こそがもっとも偉大な精神的な教えであり、これが理解できない者は夷狄も同然である」となって、中華思想の中心軸のひとつとなっていくのである。のちに国家教学となる朱子学が、北宋から南宋という北方民族の圧力が厳しかった時期に形成されていったのは偶然ではないだろう。

また「百家争鳴」という言葉があるほど、多様だった古代シナ地域の思想が、ときをへるにつれて、儒教へと一元化されていったのも、良きもの、価値のあるもの、正統はつねにひとつであって、他を認めず、同化を強制する「中華文明」の特質をよくあらわしている。

その一元化への志向が政治面であらわれたのが、王が絶大な権力を保持する中央集権体制だろう。日本とヨーロッパで分権的な封建制が生じたのに対し、シナでは皇帝による一元的な権力のありかたが正統とみなされてきた。皇帝による独裁によって非常に効率的な権力と財力の集約が可能となると同時に、しばしば暴走もひきおこしてきたのが、中国の歴史だった。

ちなみに、チンギス・ハーンやティムールなど、つよいリーダーを思いうかべやすい遊牧民だが、じつは分権的であり、会議による合意を非常に重視する。チンギス・ハーンもフビライ・ハーンも複数の部族の長から選出された代表であり、独裁者ではないのだ。部族の長たちの承認なしには、財力も強大な軍事力も行使できないのである。

## 三　海洋文明への脱皮をはかる中国

### 海からの近代化にものり遅れた中国

ここまで論じてきた「中華思想」のあり方は、基本的には近代以降、現代にいたるまでおおきなかわりはない。ただし、近代になると、北方の遊牧民にかわり、海からやってきたイギリスをはじめとする西洋、さらには日本が新たな征服者としてあらわれる。

世界史の舞台を、「大陸」ではなく島々と海からなる「多島海」にもとめた川勝平太は、『文明の海洋史観』で興味深い指摘をおこなっている。むしろ海洋文明において先行したのは、イスラームが支配する環インド洋地域と、中国を中心とした環シナ海地域であり、西欧も日本も周辺地域に過ぎなかったのだ。

重要なのは、自分の劣位を自覚したヨーロッパと日本がいかなる選択を決断したかである。インド洋ルートでのイスラーム商人の支配から逃れようとして、西欧諸国は喜望峰をまわるアフリカ航路を開拓し、さらにはアメリカ大陸へと進出した。

一方、アジアではシナ沿岸地域や日本の九州、琉球をつなぐ巨大な貿易圏が成立する。そこではシナの絹布や磁器などの当時の「ハイテク商品」やアジアの香辛料などが主な輸出品で、西欧はアメリカ大陸から、日本は石見(いわみ)銀山などから掘りだした金銀でそれを購入するという、輸入超過の赤字構造だったのである。

西欧はまた産業革命によって生産性や軍事力を向上させて、競争力をつけ、グローバルな「近代世界システム」を構築する。一方、江戸期になって鎖国体制にはいった日本は、労働力の投下を増やして生産力をたかめる「勤勉革命」で、自給体制と生産技術の向上を実現する。このいとなみが、近代化をおおきくおしすすめる要因となった。

では、このときシナ（当時は明）はどう対応したのだろうか。この「海洋アジア」貿易圏の興隆に逆行するように、海禁政策を実施し、民間貿易を禁止するなど厳しい制限をもうけたのである。

本来ならば、最大の輸出国だったはずの明には、この海洋アジアの盟主となれた可能性もあったはずだ。しかし、実際には倭寇(わこう)（中国沿岸部での貿易を禁じられ、密貿易をおこなった多民族からなる武装商人集団）の取りしまりに汲々としただけだった。

明は、白蓮教の秘密結社員で、「紅巾賊(こうきんぞく)の乱」（一三五一年～一三六六年）に乗じた朱元璋が建国した、久しぶりの漢民族による王朝だったが、海洋交易の勃興という世界史的な転換点に際してとりえたのは、結局、漢民族お得意の城壁国家的な引きこもり政策だったのである。

皮肉なことに、明の海禁政策を尻目に、満洲南部で毛皮や薬用人参といった高額の物産を売り、巨大な利益を得ていた武装商人集団のリーダーが女真(じょしん)族のヌルハチだった。かれらは貿易での儲けで、自らの武装を強化し、やがて明王朝をたおす勢力となる。遊牧・農耕どちらもおこなう満洲族はすぐれた商業民でもあったのだ。

かくして明は海洋の時代の幕開けに、絶好のポジションにありながら、決定的に出遅れてしまったのである。

## 「東夷」日本の近代化へのコンプレックス

そして近代をむかえ、「中華文明」にとって最大の試練がおとずれる。それは、日本の台頭であった。古来、東夷のひとつにすぎず、しかもかぎられた時期をのぞいて、朝貢の圏外でほとんど没交渉に等しい存在だった島国、敵視する以前に、関心をはらう必要さえ感じたことのない小国が、不遜にも近代化に成功し、西洋列強と肩をならべて「王土」を蹂躙(じゅうりん)しようとは、「中華思想」が思いえがく世界秩序を根底から覆す、まさに驚天動地の出来事であった。

近代化をめぐり、先行する日本と後塵を拝する中国という構図は、いまなおかわっていない。この劣等感は、われわれ（日本人やモンゴル人）が想像する以上に根深いものがある。

たとえば、習近平国家主席は、二〇一五年十月の英国訪問の際に、イギリス議会で日本の侵略についてわざわざ言及するのを忘れない。しかし、アヘン戦争の不条理やその後に締結された不平等条約については一切ふれることはなかった。これは、中国人の思いえがく「天下」の完全に外側からあらわれたイギリスよりも、格下もいいところだった日本へのコンプレックスのほうが強烈、鮮明だということを意味している。

私の考えでは、このコンプレックスに囚われすぎているために、中国はいつまでたってもきちんと近代とむきあい、自分のものとすることができないのだ。アヘン戦争以降の清朝の没落、日本の台頭などをすべて、「漢民族が諸民族をリードし、一致団結して抵抗したことによって、日本帝国主義と西洋列強をしりぞけた」というストーリーにしてしまえば、結局は「中国はなにも悪くない、なにもまちがっていない。悪いのはみんな外国だ」ということになってしまう。つまり、真の意味で、歴史からまなぶことができていないのである。

そこで気がつくのは、歴史にせよ、社会的理論にせよ、新しい解釈、ユニークな学説というものが、中国からでてきたことがないという事実だ。もちろん、それには中国共産党による縛りが厳しいせいもあるだろうが、やはり「中華思想」の弊害のほうが、より本質的であり深刻だろう。つまり、あくまでも中国中心でしか世のなかをみることができないために、世界をひとつのシステムとして客観的にとらえる、という発想がうまれてこないのだ。

だから、この先、かりに中国の経済が発展し、軍事的にも強大化し、いま以上に存在感を増したとしても、それは結局、城壁で囲う範囲が広くなるだけで、世界の秩序をかえる力はないだろう。「中華思想」の狭小な視野からは、世界の人びとをひきつける、魅力ある世界システムの構想はうまれ得ないからだ。ＡＩＩＢ（アジアインフラ投資銀行）や「一帯一路」（中国西部―中央アジア―欧州をむすぶ「シルクロード経済帯・一帯」と、中国沿岸部―東南アジア―インド―アフリカ―中東―欧州と連なる「21世紀海上シルクロード・一路」）も一見、国際的なシステムを志向しているようにみえるが、実際には、中国国内の論理を自他の見境もないままにおしつけているだけなのだ。世界には、中国的価値観をうけいれる精神的な土壌はどこにもない。

もっといえば、この「中華思想」は、中国が国際的にひらかれ、さらなる発展をとげる可能性を縛る「足かせ」ともなっている、と私は考えている。もし中国が二十一世紀の世界をリードするような大国のひとつになろうとするならば、かつての唐、元や清のような国際的で、他民族、他文化からの影響を恐れない国を目指すべきだし、そのときにこそ、杜甫や李白の唐詩がそうであったように、シナ文明のポテンシャルも最大に引きだせるはずなのだ。しかし、むしろますます権力の一元化や、思想的な同化圧力をつよめるばかりの現在の中国に、それを期待するのは難しいかもしれない。

以上のべてきたように、本書はユーラシアの遊牧民の歴史と文明に則して中国史と中華思想を相対化しようとするものである。

それは、これまで歴代王朝を語呂合わせで暗記し、漢文で辺境の地に赴任する兵士の漢詩をよむうちに、現在の中国が中心として歴史がつづいてきたような錯覚におちいってしまった読者に、まったく新しい視座をあたえる「逆転の大中国史」でもあるのだ。

まず、第一章では、漢民族とはそもそも何なのかについて考察する。中国という「中心」があり、ユーラシアという「周辺」があるという世界観がなぜこれほど強固な力をもちえたのかということもそこからおのずと導きだされる。

第二章では古代における人類の移動の北方径路に関する最新の成果をしめしながら、遊牧民が創造した文明を概観する。

つづいておよそ六百数十年間にわたってユーラシアの東西で活躍した匈奴＝フン族の歴史を第三章でたどり、シナ中心史観のなかの漢王朝の宗教思想と比較する。

第四章では鮮卑拓跋系国家が繁栄していたころにユーラシアで展開されたテュルク化とイスラーム化について概説する。

「少なくとも中華と同格だった」キタイ（契丹）とタングート（大夏）、そしてモンゴル時代の歴史と文化を第五章でえがく。

そして、満洲人の清朝がシナを併合してユーラシア東部最後の帝国として登場するドラマを第六章でのべ、「民族」に変身していく現代につなげる。自己中心史観の中国は古代から世界と相性が悪いだけでなく、今後も国際社会と調和がとれる体制に変身できない性質については、終章で分析する。

# 第一章　「漢民族」とは何か

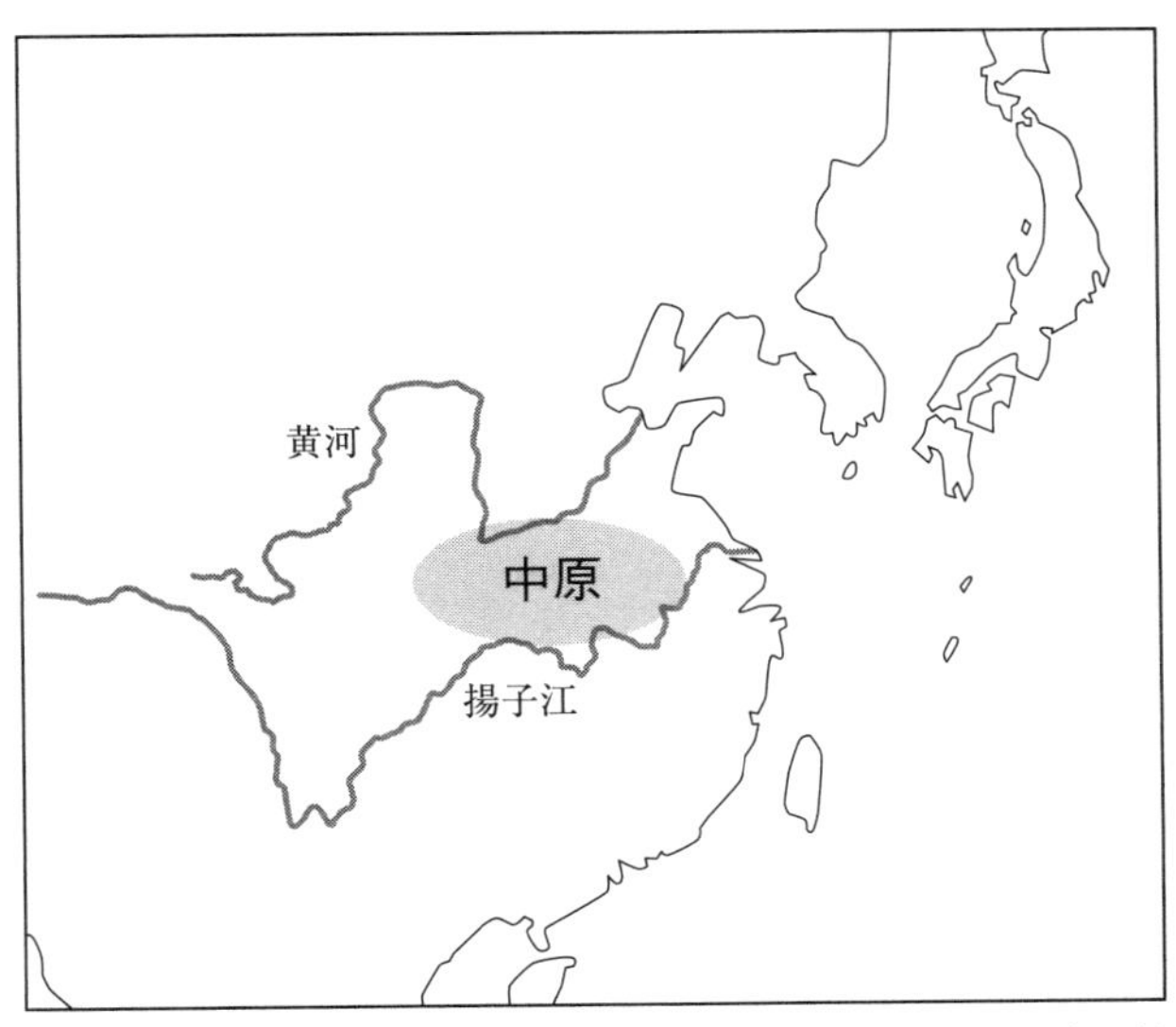

BC18世紀以前

## 一 「漢字」システムをつかう人びと

歴代中国王朝を古代から今日に遡れば、多くがじつは漢民族の王朝ではないことがわかる。にもかかわらず、なぜ、中国や日本などに「中国は漢人の国」とか、「中国史は漢民族の歴史」といった実態と合わない歴史観が定着したのか。この問題をひもとくにはまず、「漢民族とはなにか」から着手しなければならない。

### 漢字と漢人

日本は、国家と民族がほぼ同一の国だ。したがって、その基準から世界の「民族」を考えようとする。近代ヨーロッパの国が民族ごとに国をつくったため、余計そのような固定観念が強固になっている。だから、「漢民族」を現在の中国の領土に置き換えて考えるわけだ。

しかし、「漢民族」というのは、そうした日本人の考える「民族」とはかなりちがう。かれらも自分たちを「民族」とは位置づけていない。

私は中華人民共和国の南モンゴル（内モンゴル）にある、オルドスで生まれた。モンゴル人である。モンゴル人の多いところだが、小さいころからモンゴル人以外の人びととともつきあってきた。そこでかれらに「あなた誰」と聞くと、「漢人」です、と答えていた（写真1）。かれらはけっして「漢民族」あるいは「漢族」とは自分たちのことを言わなかった。

この場合の「漢人」というのは、イギリス人とかフランス人とか日本人といった国民国家とかさなる概念ともことなるのである。

写真1　20世紀初頭から内モンゴル自治区に入植してきた漢人。トウガラシの収穫に専念している親子。かれらは貧しい陝西省から豊かなモンゴル草原に闖入して、金持ちになった。

国家の概念、共同体の概念は非常に希薄であり、またユダヤ人のように宗教による紐帯（ちゅうたい）もない。ではなにがかれらを「漢人」と称させているのか？

これは中国語でもない。現在の中国語は一九一八年の五四運動のときに言文一致運動がおこり、喋る言葉と書く言葉を一致させようということで、標準語すなわち北京語がつくられ、それを「中国語」とよんでいるのである。

では、それらをつなげるものはなんだったのか？　これが「漢字」という発明だったのである。

漢字の起源は三千年前までにたどれるが、一定のシステムで組みこまれて使用可能になったのはちょうどいまから二千年前のことだ。高校で漢文をならったかたなら、たとえ中国で話されていた言葉がわからなくとも漢字の意味が理解できれば、だいたいそこに書かれてあることがわかるという体験をしたかたが多いだろう。

漢字はアルファベットをつかう他の欧州系の文字とはちがい、話されている言葉の音をあてたものではなく、ひとつひとつあるいは節自体が意味をもつ表意文字である。

これはことなる言語を話す人びとが意思疎通をするのに適している文字だ。仮に話している言葉がわからなくとも、漢字をある一定の法則にしたがってならべて表現をすれば意思疎通もできるのである。

そして、「漢人」とは、この漢字を通してやりとりする人びとということだ。この漢字システムは、非常に強固であるからこそ、歴史はこの文字システムをつかう人びとによって記録され、その史観が真実として定着してしまったということになる。

## さまざまな人種的形態の「漢人」

写真２　オルドスに入植してきた陝西省の漢人たち。右の男は顎骨が突起しており、モンゴル人と同じような身体的な特徴をもっている。俺の祖先は匈奴人だった、と陝西省の漢人たちはそのように冗談をいうこともある。

さらに逆転の視点を提示するとすれば、そもそも「漢人」は人種的形態も言葉もさまざまなのである。

南モンゴル（内モンゴル）のオルドス出身の私の文化人類学者としての個人的経験からすれば、隣に陝西省から入植してきた漢人のなかには、モンゴル人と同じように顎骨（がっこつ）が突起した人が多い（写真2）。また、少数ではあるが、陝西省にはまた青い目、金髪の「漢人」をよくみかけた。その隣の甘粛省では、黄色い目をした「漢人」もくらしている。髪の毛は直毛ではなく縮れ毛も少なくない。

また、これから第四章でもくわしくふれるが、オルドスには昔、六胡州（西暦六七九年に霊州・夏州の南に唐に帰順した突厥の難民・ソグド人たちを住まわせ、新しく六つの州を置いて唐の役人に統治させた）という組織があった。六つの「胡人（漢人が北方や西域の諸民族をいう汎称）集団」からなる州だ。かれらはやがて今日の北京などの地に移住したりもしたようだが、現地に定住し、地元民と混血していく。だから、陝西省や甘粛省などに、青い目、金髪、黄色い眼球をした中央アジア的な漢人がいても不思議ではない。

やがて大学に進学し北京に行くと、いろんな地方からやってきた「漢人」に出会うわけだが、たとえば、広東人のなかには顔や肌がかなり黒い者が多い。背も小さい。どうみてもベトナム人やタイ人、それにマレー人に近い印象をうけることが多かった。上海に近い福建省の福建人はどうかといえば、やはり背が低めで、からだは小さめだ。そして裸足で都会の大学の教室に入ってくる。「山地人」と自称し、子どものときから靴を履いたことがないという。大学の運動会でも裸足で疾走する「山地人」たちは圧倒的に速い。

こんな広東人や福建人たちも、みんな「漢人」である。その共通項は、「漢字」をつかった言語システムを用いるということだけだ。

## タイ系言語の残滓

また言語学的にもうすこし詳しく観てみよう。揚子江を境にして、「北方人」「南方人」という区分けをわれわれはよくしていた。おおまかにではあるが、北方系漢人、南方系漢人といった分類を、漢人自らがしばしばしていたのだ。

当然、私などモンゴル人はさしずめ北方系になるのだが、「南方人」(nanfangren) のことを、われわれ北方系は「ナンファンレン」と発音する。ところが、当の南方人たちは、「ランファンレンレン」という。「n」が発音できないのだ。「n」が「l」か「r」になる。だから「ランファンレンレン」になってしまう。今日の中国では北京語が標準語であり、満洲・ツングース系の北方民族の発音が正しいとされている。だから、南方人が日本語を勉強しようとすると「ナニヌネノ」がすべて「ラリルレロ」になってしまう。

日本語の先生が、かれら南方人に「これは何ですか」といって、復唱をもとめると、「これはラン（蘭）ですか」となってしまう。一緒に日本語を勉強しているときに、南方人をよくからかったものだ。「これは蘭ではないよ」と。

このエピソードはなにを意味しているのか。つまり、南方人たちが、北方人とちがって「n」「l」「r」がなぜ区別できなくなったかというと、橋本萬太郎氏が指摘していたように、中国語（漢語）のアルタイ語化がすすんでしまったからだ（橋本萬太郎『漢字文化圏の形成』）。アルタイ語化については、序章でもすこし触れたが、日本語や朝鮮語、それにモンゴル語とテュルク語、さらには満洲語などツングース系の言葉は、みんなアルタイ系の言葉であり、この言語は、語頭に「r」が来ないことが多い。日本語の「ラリルレロ」も非常に少ないし、そもそも「ラリルレロ」を「r」で日本人が発音するようになったのは明治以降だ。そのため、「ロシヤ（ロシア）」のことを日本語ではこの前まで「オロシヤ」と発音していた。江戸時代までの大和言葉では、「r」が発音しにくくて、前に「母韻」のオをつけて「オロシヤ」となっていた。ちなみに、モンゴル人はいまでも「オロシヤ」と発音する。

橋本萬太郎氏ら言語学者の説では、本来語頭に「r」や「l」といった子音が来るのは、タイ系の言語の特徴だという。タイ系の言葉やポリネシア系の言葉には語頭に「r」「l」の子音が多い。しかし、いまの中国語の語頭には子音は少ない。だから、中国語辞典をみても、「r」の項目はわずか数ページだけだ。

中国語がアルタイ語化したにもかかわらず、南方人の「ナンファンレン」が「ランファンレン」になぜ聞こえるかといったら、南方人にすこしだけタイ系の発音の特徴がのこっているからだ。だから、南方人には「n」「r」「l」の区別がつかない。私たちモンゴル人に近い北方人は完全にアルタイ語化しているから、「n」「l」「r」は区別がつけられる。こういう言葉の差異が同じ漢人であっても、「北方」と「南方」にはある。

つまり、「漢字」システムというのはそれほどさまざまな人びとをとりこんでいってしまう強固なシステムだということだ。実際、のちにふれるがユーラシアで成立した国家のいくつかは、自らの言語をしるす手段としてあえて「漢字」をつかわず、「ルーン文字」（ゲルマン人がゲルマン諸語の表記につかった表音文字。二世紀末頃の成立）をもちいた突厥（とっけつ）碑文のような例もある。これは、「漢字」を言語の表記システムで使用することで、結局突厥（テュルク）もシナにとりこまれてしまう、同化されてしまうことを嫌ったゆえの選択である。

## 入れ替わる「漢人」

「共通の言語」「共通の地域」「共通の経済生活」「共通の文化」「共通の心理」をもち、まとまった地域に住んでいるのが「民族」だとすれば、「漢民族」は存在しなかった。じつは私たちが今日「漢民族」と考えている歴史上の王朝も、この「漢字」システムを継承しながら、まったく別の人びとに入れ代わっていっているのである。

漢語のアルタイ語化がどのように生じたのかを考えていくとそうした例にぶつかる。

橋本萬太郎氏や岡田英弘氏によると、一八四年の「黄巾（こうきん）の乱」で、古い漢人（プロトシナ人）がほぼ絶滅してしまったので、漢語のアルタイ系の言語化の現象が生じたという。つまり「黄巾の乱」の前までは、古い漢人が漢王朝をきずき、中国大陸に漢語を喋る人たちがいた。

ところが、「黄巾の乱」の結果、群雄割拠の三国（魏、呉、蜀）時代になる。三国時代になると、この三つの国を合わせて漢人はだいたい五百万弱しか人口がなかった。その後、「黄巾の乱」がおさまってから「五胡十六国時代」になるので、北方民族の五つの胡、これが入ってくる。この五胡（匈奴・鮮卑・羯・氐・羌）というのは、大半がアルタイ系の諸民族の言葉を話す人びとだった。そのうちの匈奴語というのはテュルク語、モンゴル語の祖語に近く、アルタイ系の言葉であっただろう。かれらが入ってきて「五胡十六国」という新しい国を複数つくったために、少数になった五百万弱の漢人は、アルタイ系の言葉を話す人びとによって支配・同化されたので、漢語のアルタイ語化が生じたわけだ。その結果、語頭の「n」「l」「r」を区別して発音できる人たちが増えていった。いいかえれば、かろうじて今日の南方の漢語のなかにタイ系の残滓(ざんし)がみられるだけだ。

これはほかにも証拠がある。たとえば、中国の「河」の名称をみてほしい。「河」という字、これは中国語で「he」と発音する。これは、元はアルタイ系の言葉だ。だから、中国の北の「かわ」はほとんど「河」という地名がついている。「黄河」など(橋本萬太郎前掲文。岡田英弘「東アジア大陸における民族」)。

ところが揚子江を過ぎたら、南は全部「江」になる。これは「jiang」と発音する。語頭の「j」は子音であり、タイ系の言葉は語頭に複数の子音が来る。「jiang」はタイ系の言葉であり、地名からみても、揚子江の南にはタイ系の言葉の影響がのこっている。

このように分析すると、「漢民族」というのは昔から、古くからずーっとひとつの地域に存続してきた民族とはとても言えないことがわかる。

「黄巾の乱」のあと、漢人がわずか五百万人ほどになったとき、事実上の漢人の絶滅だと岡田氏が指摘しているのも無理はないだろう。

## 二　東アジア大陸の人的移動

### 黄河文明をきずいた人びとは、南へと追いやられていった

時計の針を中国大陸の最初の王朝にまで巻きもどしてみよう。私たちは、夏、そして殷、周と記憶しているのだが、現在の言語学者や考古学者の研究によってわかったのはおおよそつぎのような経緯だ。

最初に国家のようなものができていたのは、黄河文明発祥の地とされる黄河中流域にある中原という地域である。その中原にタイ系の夏人がいたと考えられている。そこに紀元前十三世紀ごろ、いまの満洲、東北から狩猟民の殷人がはいってきた。さらに西から遊牧民の周人が闖入してきた。これらが夏、殷、周とよばれる中原で成立したと想定される王朝だ。

そして、漢字が成立したのが、亀甲文字から発展をしておよそ三千年前だと考えられている。周王朝はのちに混乱期におちいり、各分封地で使用しはじめていた漢字の原則も乱れていく。個人的な経験で恐縮だが、私は北京の大学で清朝最後の科挙試験に合格した進士について周代

の青銅器に刻まれた銘文をゼミでよんだことがある。

その老進士によると、周代の漢字には統合性がなくなっていたので、秦による文字の再統一が必要だったという。その老進士は漢文の古典「四書」「五経」はもちろん、歴代の詩文もすべて暗記していた。ゼミで紙媒体をもちいたことは一度もなく、完全に記憶にたよっていた。今日の言葉で表現すると、老進士の脳は漢文のデータベースとなっていたのである。ご本人は一切、論文と著書類を書こうとせずに、記憶のなかの漢文古典以外はよむに値しない、と公言していた。そして、一九一八年以降に成立した言文一致の中国語で書かれたものは、「文章ではない」と強烈な嫌悪感をしめしていた。

注意をしなければならないのは、「タイ系の夏人」と書いたが、これは現在のタイから人びとが黄河流域に移住してきたという意味ではないということだ。むしろ逆で、もともと黄河流域に住んでいた人が、今日の満洲から移住した狩猟民や、あるいは西からやってき遊牧民におしだされ、南へ南へと移動していった結果、現在の東南アジアに住む人びとの祖先になった、という意味なのである。

いまの東アジア大陸の基本的な構図は、以下のようになる。中国という国の北のモンゴル高原と満洲（東北）、それに東トルキスタン（新疆）には、アルタイ系の言葉をあやつる人びとがいる。モンゴル人と満洲人、それにテュルク系の人びとだ。これは、中原を中心と考える

写真３　オルドス西部、寧夏回族自治区の東部にある明代の長城。古代のシナ人は人工的な建造物を造営して、他民族との境界を創るのに熱心だった。華夷秩序は単なる思想的なものではなく、物理的な線引きもおこなわれてきた。長城を建設するのに現場付近の林が伐採されたために、シナ人による環境破壊もすすんだ。

「漢人」の漢字表記からすればいわゆる「北狄」になる。西は「西戎」だが、シナ・チベット系の言葉を話す人びとがいる。南の「南蛮」には、タイやマレー系の人びとがいる。はるか東の「東夷」には日本がある。中国人の世界観はいまも基本的に変わっていない。

そしてここに表意文字の「漢字」の威力もある。けものへんの「狄」。野蛮の「蛮」、未開の民族を意味する「夷」。こうした世界観が漢字というシステムによって刷りこまれていくのである。

昔の「東夷」といえば、山東省あたりで、「西戎」といえば甘粛省近辺を指していた。「北狄」は万里の長城の北、山西省あたりからそうだった（写真３）。揚子江あたりからもう「南蛮の地」だった。ただ、ここにいろんな人びとが入ってくるので、かれらが緩やかに「漢人」になっていくと、人口も拡大するので、東夷と南蛮、西戎と北狄もすこしずつ遠くへ追い出されていく形になってしまった。ただ、追いやられるのはじつは南蛮だけで、北狄と西戎はほとんど変わっていない。

なぜ南蛮だけが変わったかというと、これはシナの歴史では、基本的に、北方民族が中原に入ってきて政権を樹立するというくりかえしが多く、南に逃げていくというパターンが普通だったからだ。

唯一の例外は、南中国（湖南省）出身の毛沢東が、貧しい紅軍を連れて南から北上して、陝西省へ来て中国の天下をとった事例ぐらいではないか。毛は北伐に成功した。蔣介石も北伐しているし、かの孫文をいれて、この三人が南方出身だ。あとは漢の元祖である劉邦が南方人。この四人以外に、シナの歴代王朝で南方出身者はほとんどいない。

宋の趙一族が南方出身だといわれているが、最近の研究によると、どうも怪しく、かれらもテュルク系ではないかという説がでている。

ともあれ、シナの歴史は北方からの侵入がつねにあって、中原の人びとは南へ逃げだすことが多い。その結果、タイ系の人たちが南へ追いやられた。

だから、漢人は、中原で緩やかに形成される征服者たちではあるとはいえるが、漢人や漢民族という概念はじつは頻繁に変わっている。一八四年にはもう五百万人弱しかのこっていなかったプロト漢人が、あとから入ってきたアルタイ系の言葉を話す人たちと混血して、新しい漢人になっていったからだ。

そうして、つぎに漢人が大きく形成されるのが五八九年、隋の統一以降のことだ。隋をつくった楊一族は鮮卑系だから、この鮮卑系（遊牧騎馬民族ということ）の人たちが中国を統一した。隋の統治は短期間であったが、のちに唐が樹立される。唐については、第四章でくわしくふれるが、唐もまた鮮卑系の国家だった。その結果、シナは統一されたけれど、明らかに支配者、あるいは主要成分というのは全部、鮮卑系の、アルタイ系の言葉をつかう人たちであった。モンゴル語か、テュルク語か、いろんな説があるもののいずれにしてもアルタイ系だった。ここで新しい漢人ができるわけで、さらなる漢語のアルタイ語化がすすむ。

## 陸封された民族

地殻変動で海にいるはずの魚が陸封されてしまう現象があるが、そのバージョンが民族でも起こりうる。

たとえばいま、中国の南（雲南省、貴州省）に侗族（トン族）という小さな民族がある。このトン族というのは文化人類学的にじつにユニークな民族だ。というのも、トン語はポリネシア系の言葉だ。また、トン族は狩猟民族だったので、トン族の「火」と「弓」とか、要するに

写真4　トン族はまたユニークな建物、風雨橋を有することで知られている。中国政府は北京に55の少数民族を網羅した「中華民族園」という博物館を設置して多民族国家を演出しているが、トン族文化は風雨橋で以て表現されている。

基本中の基本語彙（ごい）である言葉の発音が、ハワイや南太平洋のポリネシア系のそれとほぼ同じなのだ。つまり、太古の昔、中国大陸の南東にはタイ系だけではなくポリネシア系の人びともいたことになる。北からの侵入に対して、かれらの多くが、南太平洋や台湾に移動し、一部の人びとが大陸に残ったとみられている。一九九〇年代に私が大阪にある国立民族学博物館でまなんでいたころ、貴州省からやってきたトン族の研究者が日本人言語学者たちとこのような議論を展開していた（写真4）。

人類の移動を物語る傍証は台湾にもある。台湾の先住民もほとんどポリネシア系の言語を母語とするし、台湾の新石器時代の遺跡を発掘してもほとんどが南太

写真5　中華民国台湾の台東市にある国立台湾史前文化博物館内の石貨。石貨は南太平洋の島々に住むポリネシア系諸民族のあいだで古くから婚姻や取引の際に用いられた、社会的威信をしめす象徴だった。石貨には原始貨幣がもつ呪術的力が宿ると信じられている。

写真6　国立台湾史前文化博物館内の復元された先史卑南文化の担い手。

平洋の島々の文化と共通するものが出土されていることからも証明されている（写真5、6）。

中華民国台湾にはまた平埔族（へいほぞく）という先住民がいる。かれらは台湾に清朝期に移住してきた漢人によって同化されてしまい、いまや先住民族としての文化的な特性はほとんどなくなってしまった。言葉も漢語だ。しかし、李登輝氏が総統になって台湾が民主化されてから、急に自分たちは漢人ではなく平埔族だ、先住民だと主張するようになった。そう主張するほうが、先住民としての権利が保障され経済的なメリットも得られるようになったからだ。

逆説的にいえば、「漢人」という

のはこのように、漢人になるのも、漢人をやめるのも自由自在、伸縮自在な概念といえるのだ。

## 今日の「漢民族」の概念の創造と想像

では、今日、近代以降の歴代の中国政府が主張している「漢民族」とは、どういう概念なのか。

かれらは、日清戦争で日本に負けた直後の一八九五年からは、自分たちは「黄帝」(シナ古代の伝説上の帝王)の子孫だと言いだした。東夷の日本に先を越されたショックから、野蛮人に負けていいのかということで急遽一種のナショナリズムから主張するようになった。

その後だいぶ遅くなって、二十世紀半ばぐらいになってから、同じく伝説上の帝王である「炎帝」も加わって、炎黄子孫による「漢民族」の主張となった。

なぜ「炎帝」が遅いか。

私が八〇年代に中国の教科書をまなんでいたころは、炎帝は悪い帝とされていた。黄帝と対立していたことになっていたし、敗れて南方に逃げていき、そこで少数民族の祖先になったので漢人とは直接関係がない。

ところが、南方の少数民族も「中華民族」に加え「中華文明の多様性」を強調したいという中国共産党の意向から、突如として、「炎帝」を中華民族、ひいては「漢民族」の祖先のルーツのひとつに迎え入れたわけだ。

## 三　マルクスの発展段階説の移植

### 仮説に文物をあてはめる歴史捏造

中国人の多く、そして日本人も未だに、漢人は四千年の昔から、中原に住んでいて、そこで素晴らしい黄河文明や長江文明をつくり、やがてかれらが北へ、西へ、東へ、南へ「野蛮人を駆逐しながら勢力を拡大し」ていき、周辺民族に文明を伝えた―と考えている。

しかし、これまでみてきたように、実際は、そうではないのである。

北方・遊牧民族が入ってきて、中原で緩やかに一種の混合民族になってから、中華文明は開花したというのはある程度事実ではあるけれど、中原の漢人たちが四方へ拡散していき中華文明をひろげたということは事実ではない。これは、先に紹介した、また第二章でもふれる北京大学の考古学者・蘇秉琦（そへいき）教授が『中国文明の起源』（遼寧人民出版社）で、指摘していることでもある。

かれは、一九〇九年生まれで一九九七年に亡くなっており、戦前の中華民国の自由な教育を受けていることもあって、戦後の中国共産党支配下の酷い思想統制の被害も蒙っており、学問的に鋭い分析をおこなっている。

かれは『中国文明の起源』の冒頭で、「われわれの歴史教育には二つの呪縛がある。ひとつは、中華大一統の概念だ。中国は大きくて、ひとつであるという概念。もうひとつはマルクス主義の発展段階説だ」と端的に言いきっている。

そして、夏、商、周、秦、漢をひとつの継承国家として語るのは無理だ。継承していない。この国名を日本人も中国人もみんなむりやりに暗記しようとするが、そんな「串焼きみたいな形の王朝継承史は成立しないからやめるべきだ」と直言もしている。

さらに、漢人の文化がすすんでいて、周辺民族を同化したというのも嘘だという。漢人が一方的に周辺民族を同化したのではなく、周辺の諸民族も漢人を同化した面もあるわけで、要するにお互いさまでミックスしてできたのが「中国文明」（中華文明）だとかれはとなえる。

原始共産制から古代奴隷制をへて封建社会に入り、そして資本主義社会を経由して、最終的には共産主義社会まで到達する、という見方をマルクス流の発展段階説という。マルクスの理論にしても所詮はヨーロッパを語る仮説でしかないのに、中国がそれを人類普遍の真理のように崇拝するのはおかしい、とかれは指摘している。

また、一九五〇年代に、中国共産党が「国家歴史博物館」をつくったさいに、かれをはじめとする北京大学の考古学部と歴史学部の教授たちが動員され、マルクスの発展段階論を中国の歴代王朝に強引にはめていく作業をになったことがある。ある青銅器が出てきたら、これは奴隷社会時代のものだから、周の時代のものだとか、別のものが出土すると、これは封建社会時代のものだから、漢のものだ……といったふうに。かれは、そういう過去の歴史操作についても悩んでいた事実を本のなかで書いている。

さらに、そもそも、中原というのはいろんな民族が入ってきたところであり、漢人のみの揺籃では決してなかったとして、中国文明（中華文明）がここで栄えて、漢人が周辺へ拡散していって中国文明（中華文明）を伝えたのではないとも主張している。

なぜかというと、黄河文明は継承されていないからだという。黄河文明のいちばん典型的なものは仰韶（ぎょうしょう）文化（中国の黄河中流全域に存在した新石器時代の文化）だが、これは陝西省から山西省にかけて存在した八千年前から六千年前までの文化だ。二千年つづいたものの、六千年前の段階で突然消えてしまった。継承されていない。陝西省から山西省にかけて存在していたので、たぶん緩やかに周に引き継がれていったのではないかとみられているが、確たる証拠はない。先述したように、周は西から来ているが、仰韶文化も中国の西方にあるので、周と関係があるのではないかと推測されているものの確証はない。そのため、仰韶文化を誰が継承したかわからない。したがって、それを漢人の祖先のものとはとてもいえない、とかれは指摘している。

それからかれはまたこうも指摘している。

写真7　内モンゴル自治区ウラーンハダ市（赤峰）にある紅山遺跡。後ろ姿は国立民族学博物館の名誉教授で、わたしの恩師の松原正毅氏。松原先生は長江流域の石器の分類に関する修士論文を京都大学に提出していた。

メソポタミア文明とエジプト文明は正確に「五千年」というふうに編年できる。しかし、中華文明は編年できない。「五千年」の中華文明？　せいぜい四千年がいいところだと論じている。

そもそも、「五千年の中華文明」と言った場合に、証拠はどこにあるのかと問えば、蘇秉琦教授は、「それは黄河文明でもなく揚子江文明でもなく、紅山文明だ」という。

この紅山文化は、日本人考古学者の濱田耕作氏や水野清一氏によって、戦前に発見された内モンゴル地域の紅山後遺跡に由来している（写真7）。

その後、中国でも一九七〇年代以降に発掘がすすみ、この紅山後遺跡が六千年前の新石器時代から青銅器時代につながる遺跡だということが判明した。新石器があって、そして途中から青銅器も出土する。その青銅器というのは、ちょうど中国では殷周期になるので青銅器時代から殷周文明につながる、との推察である。

ただ、中国共産党や中国の愛国的で、狭隘なナショナリストたちにとって頭痛の種は、紅山文化は万里の長城の北側、内モンゴルの東部草原にあるということだ。だから、伝統的な黄河文明、中華文明ではないことになる。

しかし、かれは、われわれは黄河文明で中国を語るのは無理であって、中華文明、そして、どうしても五千年と言いたいのなら、むしろ草原地帯の紅山文化を入れないと五千年にはならないと主張している。

当然、紅山文化は草原地帯にあるから、北方草原を通してユーラシアとも一体化していることになる。だから、中華文明もユーラシアの一部として語るなら、五千年は可能だが、そうしないのなら、せいぜい四千年だと断じている。

## 貧困の黄河文明がもたらす専制主義

しかしながら、かれは、なぜ中原にさまざまな人びと、民族が入ってくるかということは書いていない。世間一般には、中原は豊饒の大地であり、だからそこに人びとが集まり文化文明

写真8　黄河の氾濫を抑えるために建てた、一角の鎮河獣。寧夏回族自治区を流れる黄河のほとりに建つ。

が栄えたというふうにとられているが、橋本萬太郎氏や岡田英弘氏は、中原は生産性の低いところだと指摘している。たしかにその通りだ。黄河は二年に一度ぐらいの割合で氾濫する。結局、「黄河文明」は治水文化でしかない。要するにいまの言葉でいえば、インフラ整備の文化にすぎない。

国家が、歴代王朝がいかに黄河の氾濫を抑えるかということで、膨大な工事費を投入し、人民を動員して、あそこで治水工事をさせて食わせるといった統治システムになるわけだ（写真8）。そのくりかえしの歴史だ。だから、ウィットフォーゲルという学者はかつて、中国は「水力的専制国家」だと論じたことがある（ウィットフォーゲル『東洋的専制主義』）。水力的専制国家は近代化に脱皮できないし、革命が発動されても、結局は新しい専制主義体制になるだけだ。いまの中国はまさに水力的専制国家の延長線上にある。

黄河文明といっても、所詮は黄土高原だから、あまり雨が降らないし、農業をしてもさほどの収穫はない。そのため、黄河文明下では富の蓄積ができなかった。やはり文明は富の蓄積、累積がなければ、豊かにはなりえない。結局、黄河文明は富の蓄積がなく、ひたすら人民を動員して治水工事、インフラ整備をしただけの文明でしかなかったと私は考えている。

そうなると、支配体制は必然的に専制主義になっていく。たくさんの人民を無理やり働かせるので、専制主義でなくては統治不可能になるからだ。黄河文明から生まれたのは結局のところ専制主義体制で、今日までつづく中国の歴史的な専制主義は、黄河文明の特徴を表現したものといえる。もし、富がある程度蓄積されたら、これは当然つぎの技術革命や思想革命につながっていく可能性が出てくるのだが、それを中国は実現できなかった。

エジプト文明も、ナイル川の氾濫があっても栄えたし、氾濫によって土地が肥沃になるのではないかというむきもあるかもしれないが、エジプトはナイル川に沿って広大な耕作地があるのでまだいい。とはいえ、ピラミッドも要するに一種のインフラ整備の工事の結果だという説もあり、当時の人民が豊かだったかどうかは疑問がのこる。

中国の場合は、揚子江から南が豊かだった。というのは、揚子江まではモンスーンの影響下にある。梅雨がある。だから稲作が可能だった。そのため、農業社会が成立するので富の蓄積が可能になった。そうなると、周辺民族の入ってくる魅力の場所は中原ではなく、さらに南のほうということになってくる。だから、アルタイ系の言葉を話す諸民族とかチベット系の民族が中原を目指すのは、中原に住みたいのではなくて、中原を通ってさらに南下したかったわけだ。中原はあくまでも通過地点でしかなかった。でも、中原に入ると、そこで定住する人びともいる。一定数が定住すると緩やかにひとつの集団になっていく。

## 逆転の史観

私は高校時代、「勅勒の歌」という漢詩をよんで、おおいに驚いたことがある。

「勅勒の歌」
勅勒川　陰山下
天似穹廬　籠蓋四野
天蒼蒼　野茫茫
風吹草低　見牛羊

勅勒の川　陰山の下
天は穹廬に似て　四野を籠蓋す
天は蒼々たり　野は茫々たり
風吹き草低れて　牛羊を見る

漢語ではあるが、この四行詩はどうみても、われわれモンゴル人の詩ではないかと直感したものだった。天が青々としていて、野が広々として、風が吹いて草がなびくと牛と羊が見える……。わが家のある南モンゴルのオルドス高原からみる風景そのもの！

じつはこの勅勒というのは突厥すなわちテュルク（Türk）のことで、モンゴル高原から今日の山西省あたりにうつりすんでいたトルコ系北方遊牧民のことだ。漢語でテュルクを「勅勒」と表現した。

「勅勒の歌」は五胡十六国時代に、北斉と西魏のあいだで戦争が勃発したときに、北斉の神武帝が勅勒部（テュルク）の斛律金（こくりつきん）という武将を先頭に立てて、「士衆」を鼓舞する際に歌ったものとされている。

斛律金は「字を阿六敦」とし、阿六敦はアルトゥンすなわち「黄金」の意味である。テュルクやモンゴルなど遊牧民はその内部の支配者集団はよく「黄金氏族」と称される。テュルクのアルトゥンも、のちの満洲人の愛新覚羅も、みな「黄金氏族」である。

北斉と西魏が勢力争いをしていたときに、テュルク語で歌ったものが、漢語で書きのこされたのが右の詩だといわれている。

この「勅勒の歌」については、小川環樹氏（京都大学教授）による素晴らしい論考がある。小川氏によると、「勅勒（テュルク）の歌」は各句の音節は三・三で押韻（おういん）し、四・四でまた韻を踏む。漢語訳は七句だが、その原文は四行詩だっただろう。小川氏はまた、「勅勒の歌」と同じ音節のテュルク語の詩を一〇七三年に著された『トルコ語辞典』のなかからみつけている（小川環樹「勅勒の歌―その原語と文学的意義」）。

キジル河（赤い）の黄色い（花が）　次々に現れ
すみれが緑に　頭をもたげ
たがいに　まきつき（いりみだれ）
人はそれに　おどろく

このように、われわれが何気なくよむ漢詩も、じつは時代によっては、そのままアルタイ系の遊牧民の民謡が入っているのもかなりあるということで、典型的なのがこの「勅勒（テュルク）の歌」だ。いろんな文法体系にもとづいて喋っている人たち、たとえば広東語、上海語、北京語となると、みな文法がちがう。話し言葉だと通じなくとも、漢字をみれば意思疎通が可能になる。そのため、漢文は、一種の諸民族共通の意思伝達の道具になってきた。漢字を導入したことによって、朝鮮半島とベトナムと日本も含めて漢字文化圏の一員になったけれども、それはあくまでも意思疎通のための道具やマークでしかなかった。

だから、いまの日本人、ベトナム人、朝鮮人の漢字のつかい方というのは、古い中国大陸でもほぼ同じだった。あくまでも意思疎通の道具であって、みんなが漢語を喋っていたわけではない。喋っていたのはむしろいろんな外国語であった。それを無理やりにひとつの「中国語」にしたのは二十世紀に入ってからだった。

このように考えてくると、まったくちがう地平が開けてくる。

歴史に中心と周辺があるわけではない。「中心と周辺」というのはある時代のある王朝の見方というのにすぎない。万里の長城の外側は未開の地ではないのである。むしろ視点をユーラシア大陸にひろげると、黄河文明より一〇〇〇年も早く青銅器文明がはじまった草原の紅山文明があり、それらの人びとが黄河にうつりすみ、それ以降も、草原には多くの豊かな文明が生まれ、互いに影響しあいながら、実際の歴史は編まれてきたのである。

次章からはその草原に視点をうつして、大陸をみていく。

# 第二章　草原に文明は生まれた

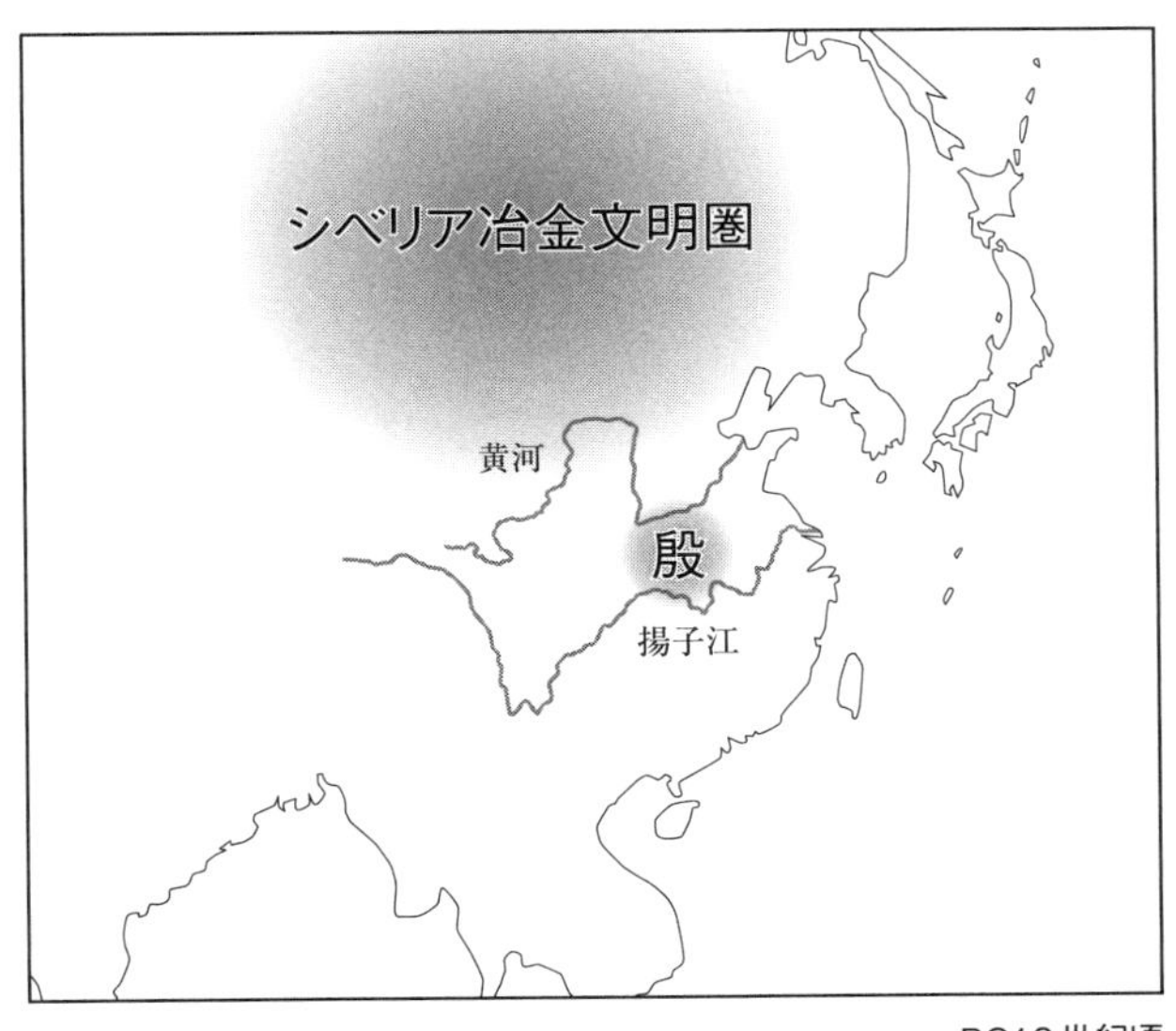


BC10世紀頃

# 一　文明の遊牧史観

日本という国は、序章でもすこし指摘したように、中国へのコンプレックスに苛まれつづけている。

ある意味で日本の対中国コンプレックスはしかたのないことかもしれない。地図をみれば、日本列島の西に巨大な国家があるのは事実だ。歴史をふりかえっても、日本はシナからさまざまな文化や技術を輸入してきた、というなかば洗脳のような思いこみにとらわれている。それが、現代日本人の哲学的思考と行動におおきな影響をおよぼしている。

## 「草原文明」と「遊牧文明」

しかし私のように南モンゴル（内モンゴル）のオルドス高原に生まれそだった者は、中国に威圧感をおぼえることはないし、畏怖の念をいだくこともない。モンゴルとシナとの関係が、日本とシナとのそれとはまったくことなるからだ。過去、何世紀にもわたって広いユーラシア

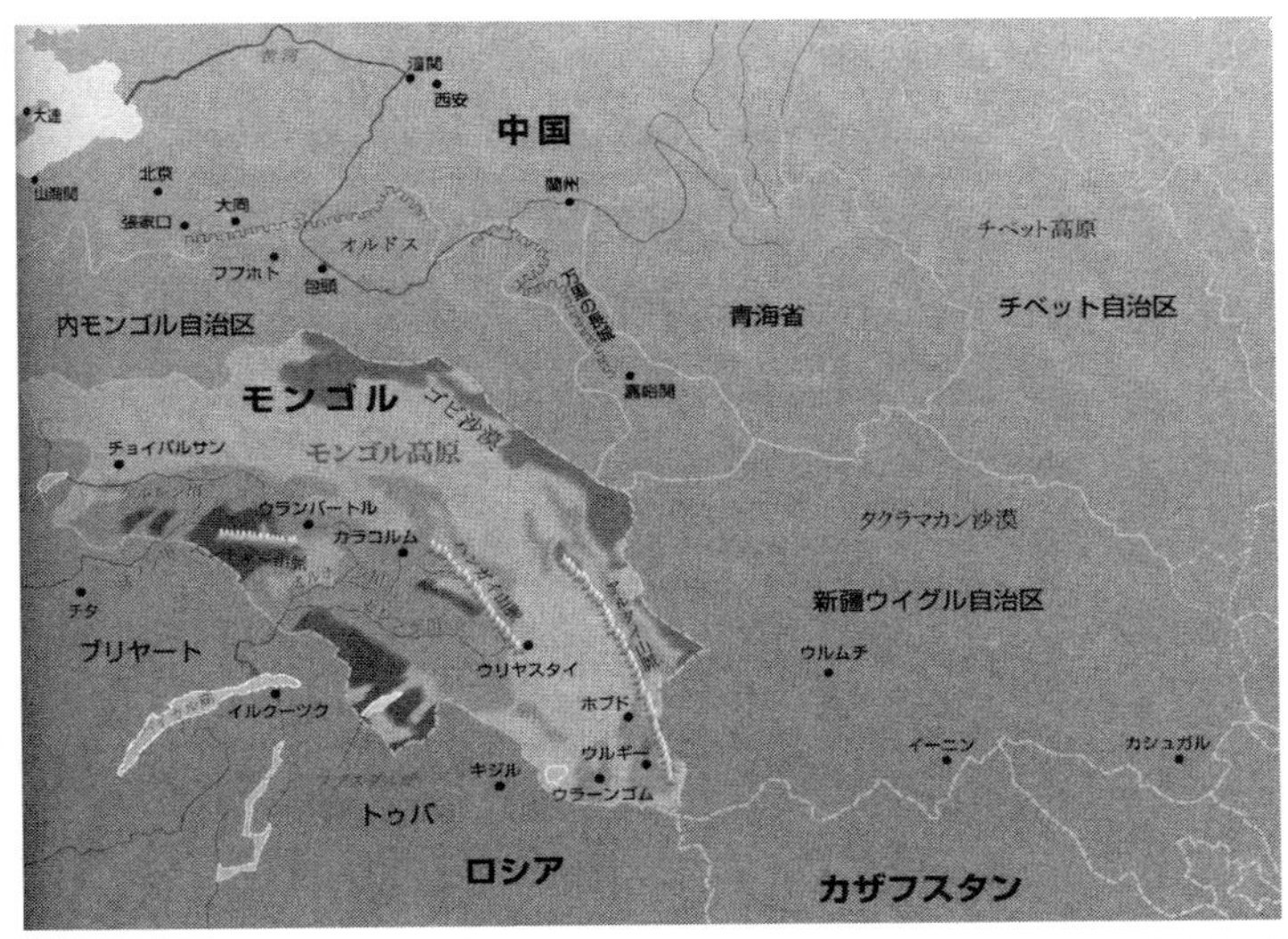


地図1　モンゴル高原からみた東アジア。出典:小長谷有紀　楊海英編『草原の遊牧文明』

でたえず移動をつづけてきたモンゴルの人間がモンゴル高原からみると、中国はユーラシアの東端（左端）に固定された存在にすぎない。東アジアで過去においてさかえほろんでいった文明もまた、世界中にいくつもある数々の文明のひとつにすぎないと理解しているからだ。地政学・地理学的に俯瞰しても、シナは遊牧のモンゴル高原からくだったところにある農耕地だ。モンゴルにとってシナは、巨大でも強力でもない（地図1）。

　モンゴル人にはユーラシアからの視点がある。シナをつねに東から仰視し、日本語を母語とする日本人がそのユーラシア文明の視点を獲得すれば、ユーラシア、あるいは世界と中国を相対化

写真1　シャラ・オソン・ゴール遺跡。シャラ・オソンとは「黄色い水」との意だが、「シャラスン・ゴール」すなわち「乳漿のごとき河」だとの解釈も地元のモンゴル人社会内にある。地名にモンゴル人の宇宙観が反映されている。

することができ、チャイナ・コンプレックスから解放されることになるだろう。

前述したように、私はオルドス高原で生まれそだった。黄河は西から東にながれているが、中流でおおきく北へ屈曲していて、オルドスはちょうどその南にある。オルドス高原は、黄河と「万里の長城」にかこまれている。

オルドス高原にはいくつかの行政区がある。私のふるさとはそのうちのイケジョー盟ウーシン旗だ。盟も旗も清朝時代にできた行政区分のことだが、なかでもウーシン旗は、人類の歴史をしるうえで重要な、洪積世後期の遺跡が発見された場所として注目されてきた。

その遺跡を、シャラ・オソン・ゴール遺跡という（写真1）。シャラ・オソン・ゴールとはモンゴル語で「黄色い水の河」を意味し、実際にシャラ・オソン・ゴールは黄河の支流である。その遺跡からはモンゴロイドの直接的な祖先とみなされるホモサピエンスの生活の跡がみつかっている。その新人は、「オルドス人」とよばれている（貝塚茂樹　伊藤道治『古代中国』）。遺跡は、一九二二年にフランス出身のカトリック教会の神父、考古学者のピエール・ティヤール・ド・シャルダン（Pierre Teilhard de Chardin）とエミーレ・リサン（Emile Licent）らによって発見されたことで、世界的にしられるようになった。神父たちは最初、モンゴル人で地元の牧畜民のワンチュクから化石類をあつめていたが、その後はさらに発掘もこころみた。シャラ・オソン・ゴールの主人公たちは当初から世界の学界では「オルドス人」とよばれてきたが、中国人のナショナリストたちはどうしてもモンゴル語の地名をつかおうとせずに、故意に「河套人（かとうじん）」と表現する。河套とはオルドス北部の黄河沿岸地帯で、シャラ・オソン・ゴールとなんら関係がない。中国人の狭隘な民族主義的主張に対する批判は近年、国内でもわきおこっている（楊海英「〈河套人〉から〈オルドス人〉へ―地域からの人類史書き換え運動」）。

フランス人の神父たちを案内していたワンチュクは地元では有名人となっていたし、シャラ・オソン・ゴール遺跡は私がかよっていた小学校の真裏にある。小学生のとき、私たちがよくひろっていた白くひかる小さな石は、のちになって、マンモスなど古代生物の化石であったことがわかった。子安貝の貝殻もあつめていた。子安貝は沖縄近海かインド洋近海に生息するといわれている。それがオルドス高原ウーシン旗の沙漠でみつかるのは、太古の時代からの人類の交易によってもちこまれたからだ。モンゴル人はこの大洋の産物をお守りのように、子どもの服にボタンやかざりとしてつけてきた。海洋からのユニークな形をしたものに呪術的な生命力が含蓄されている、と信仰していたからだろう。

北京の大学をでて、日本に留学し、学問的にめざめたあとにこのような体験をふりかえった私は、ふるさとの古代文明が世界の歴史のなかでどのように位置づけられているかに関心をいだいた。日常生活のなかでも、私自身の文明圏の原風景をつよく意識するようになったのである。いま、モンゴル人である私の関心は、現代中国があらたにしめすようになった文明観と歴史観にもむいている。

中国は近年、中華文明は三つの文明からなると主張するようにかわった。三つの文明とは「黄河文明」と「揚子江文明」、そして「草原文明」である。かねてからの黄河文明と揚子江文明にくわえ、草原文明の存在を力づよく提唱したのは、前に紹介した北京大学の考古学者蘇秉琦教授で、いまやそれが中国国内の「定説」となりつつある(楊海英「中国が語りはじめた遊牧文明」)。

なぜ、黄河文明と揚子江文明に、草原文明を追加したのか。それは、黄河文明も揚子江文明も断絶された文明だからだ。この二つの文明は、現代中国の中国人に直接的には継承されていない。一方で、かれらが草原文明とよぶ文明はいまの中国にも脈々とつらなっていることについては、すでに前章で詳しくのべた。

オルドスの遥か東にあるウラーンハダには、日本人考古学者で、京都大学名誉教授・水野清一氏と浜田耕作氏たちが発見した新石器時代の遺跡がある。ここからは、新石器文明から中国文字文明に連繋する継続性が確認されている。

ウラーンハダは、モンゴル語で「赤い山岳」の意で、それを中国語に訳すと「赤峰」となる。重要なのは、このウラーンハダは中国からみると「万里の長城」の北に位置することだ。春秋戦国時代のシナがそこから北はシナ人のくにではない、野蛮人の土地とみなし、自ら線引きしたその外側にある世界だ。黄河文明圏でも、揚子江文明圏でもない。にもかかわらず、その遊牧民の地の遺跡が新石器時代から文字の記録まで延々とたどれる。

このように、草原文明は、かつてシナ人自身がシナではないと規定した外の地域でさかえた文明なのだ。それゆえに中国は長いあいだ、草原文明を自国の礎となるものとしてみとめてこなかった。とうぜん、中国にはシナ起源の長い文明の歴史があると主張したいという思惑がある。とはいえ、黄河文明と揚子江文明の存在を現代とむすびつけるのにはその主張の根拠がまだよわい。

さきの蘇教授が、草原文明も中国の歴史の原点であるとみとめるべきだと強調したのは、こういう理由からだろう。結局中国も、ウラーンハダの遺跡やシャラ・オソン・ゴール遺跡にみられる草原文明は中華（中国）文明のひとつであり、現代中国は、その草原文明の継承者であ

写真2　モンゴル高原西部、アルタイ山中の遊牧民の天幕。「アルタイ」とは「黄金の山」との意で、ここは遊牧民が神聖視する場所のひとつであり、ユーラシア草原のなかで、もっとも豊かな地のひとつである。

ると主張する道をえらばざるをえなかったのだ。その背景には、モンゴル人も中華民族であるとの曲解を強いる「ワン・チャイナ」的な中国共産党政権の政治的思惑があると指摘していいだろう。

オルドスで生まれそだった私のようなモンゴル人は、「草原文明が中国起源の文明だ」とか、「中華文明の一部だ」とかのように誤解することはない。モンゴルなど遊牧民の祖先がきずきあげた文明をほこりに思うことはあっても、中国の一部だとの認識はない。中国を西の大国と信じる日本人たちには、この歴史的感覚が欠けているように思える。

草原文明とよばれるものは（写真2）、正しくは私たちがよく知っている遊牧文明のことである。ユーラシア各地にくらす遊牧民の歴史文化を研究してきた国立民族学博物館名誉教授の松原正毅氏は、つぎのように遊牧文明について定義している（松原正毅「遊牧からのメッセージ」）。

遊牧は、ひとつの文明である。遊牧には、個別の文化をこえて参加が可能な装置と体系がそなわっている。この文明の装置と体系をうけいれさえすれば、遊牧民としてのくらしが成立するのである。

文明としての遊牧の特徴は、簡素さである。この簡素さという要素の存在は、全生活体系を通じて確認できる。遊牧生活は簡素そのものだ。遊牧世界には、思想をふくめすべてに透明性がある。……遊牧の基底にあるのは、移動性である。

草原文明という呼称は、「草原」という土地を「根拠地」にして生まれたとのイメージを増幅しやすく、黄河文明と揚子江文明とならべてつかうには都合がいいと考えるむきも中国人にはあるだろう。「黄河」や「揚子江」、そして「草原」という「場所」をあらわすということで「雄大なチャイナ」をイメージする。しかし、その草原文明とよばれるものは、いうまでもなく、シナ人ではなく、ユーラシアをくまなく移動しつづけてきた遊牧民がつくりあげたものだ。文明は本来、創造した民族や人種の名でよばれるべきである。私をふくめ、日本でもほとんどの研究者はそれを「遊牧文明」とよんでいる（松原正毅「遊牧からのメッセージ」）。「草原文明」ということばは、私たちモンゴル人の耳にはいかにも死滅した文明のようにひびく。そもそも、シナ人は歴史的にずっと遊牧民を敵視し、その文明の程度、民度をひくいものと差別してきた。その政治的な営為をきちんと学問的に反省したうえで、「遊牧文明」を位置づけることが必要なはずだ。その点は、先の蘇教授も自省的に指摘はしている。

## 「中国」と「シナ」はどうちがうか

ここまで、私は「中国」という呼称をもちいてきた。実際、モンゴル人など草原の民は「シナ」という名称を古くからつかってきた。歴史学者の岡田英弘氏はつぎのように指摘している（岡田英弘『岡田英弘著作集　Ⅳ シナ（チャイナ）とは何か』）。

もともと、英語の「チヤイナ China」に対応する日本語は「シナ（支那）」だった。ところが、第二次世界大戦後、日本を占領下に置いたGHQの命令と、日本人自身の過剰な自己規制により、すべて「中国」と言い換えてしまったために、その後、嘘が拡大して今日に至った。

岡田英弘氏によると、一九一一年に満洲人の清朝が崩壊して、翌年に中華民国が誕生するまで、東アジアにあった歴代王朝の一部を西方ヨーロッパの人たちは「チャイナ」と認識した。そのチャイナのあて字が「支那」だった。戦後、日本はアメリカ占領軍の圧力のもとで、「支那」は差別用語ではないかと過度に自粛したことで、まちがったみかたが定着した。

岡田英弘氏の指摘は私たちモンゴル人の認識と一致する。私たちモンゴル人の理解では、「中国」とは一九一一年の辛亥革命によって成立した中華民国以降の近代中国のことである。現在、中国の人たちがかたる「中国」もまた、「一九一二年以降の中国」にすぎない。それ以前の時代と、現代の中国とよばれる地域を「中国」とよぶのは前述したように、歴史の実態にあわず、いささか乱暴ではないかと私は思う。長い歴史をふりかえったとき、あの地域で起きたことをすべて「中国で起きたこと」ととらえるのは不自然だ。すでにふれたように、この点は歴史学者岡田英弘氏の見解と私たちモンゴル人のみかたは一致しているのである（楊海英「ステップ史観と一致する岡田史学」）。

「支那・シナ」は差別語であると考える人もいるようだが、これは古代王朝の「秦」が発祥のことばで、古代インドでは中国を「チーナ」とよんでいた。いまもアラブ地域の人たちは中国を「シン」（Chin）とよぶ。シンの最後に「a」という母音がついたのがシナであり、近代中国を成立以前のあの文明圏を指すのにこれほどふさわしいことばはほかにない。

本書では、古代の漢人すなわちシナ人が主役として活動していた場所のみを「シナ」とよぶ。また、漢人以外の諸民族の人びとは、「中国人」や「華人」ではないとの立場をとっている。

「中国」はあくまでも一九一二年以降に成立した国家のみを指す。

## ユーラシア大陸という世界

今日の中国北部を内包するユーラシア草原は、東は満洲平野から、西はハンガリー草原までつづき、その東西の距離は約七五〇〇キロにおよぶ。広大無辺な草原地帯を研究者はいくつかの地域に分割して考えることがおおい。学問的な分割の方法は三つある。

日本の考古学者や東洋史学者のおおくは、ユーラシア草原を「縦」にわけて考えたがる。境界となるのはカザフスタンとキルギスタン、それに今日の中国西部の国境地帯に位置するパミール高原、天山山脈とアルタイ山脈、それにサヤン山脈をつなぐ線だ。だいたいこの線の西を西トルキスタン、東を東トルキスタンと表現する。日本には東トルキスタンの研究者はおおいが、イスラーム文明圏に属する西トルキスタンを研究する者は相対的に少ないのではないか。日本人は近代にはいるまでイスラーム文明にふれる機会が少なかったことが影響していると考えられる。

つぎに、モンゴルやロシア、あるいは中国人は、ユーラシア草原を「横」にわけて考えることがおおい。一番、南によこたわっているのは、古代のシナ人がひいた政治的なライン、万里の長城である。そして、北極圏から万里の長城までと、万里の長城から西のヒマラヤ山脈、さらにはイラン高原、はては黒海南岸をつなぐ横の線で分割して思考する。

とりわけロシアのユーラシア主義者は、ユーラシアを「南北」にわけようと熱心である。そのうちのひとりが一九二五年に亡命先のブルガリアで『チンギス・ハーンの遺産』を記したニコライ・セルゲイヴィチ・トルベツコイ（一八九〇～一九三八）だ。かれの「ユーラシア主義」に関しては、浜由樹子氏の素晴らしい著作『ユーラシア主義とは何か』がくわしい。トルベツコイらはユーラシアを、そのことばの源（ユーロ・Euro＋アジア・Asia）となったヨーロッパとアジアに二分するのではなく、むしろ南北にくぎって認識すべきだと主張した。そして、ユーラシアの歴史を代表する歴史的人物をひとりあげるなら、チンギス・ハーンだとした。中華文明だけでなく、ヨーロッパやロシアの文明もまた、遊牧文化の影響をうけてきたととなえている（写真３）。

トルベツコイ流にユーラシア草原を横にわけるという文明観は、気候および植生に応じて対処するということでもある。北は永久凍土層をもつツンドラ地帯であり、その南には針葉樹林帯・タイガがある。さらに南へ行くと草原・ステップとなり、その南は沙漠または山岳地帯となる。西南には天山がそびえ、東南にはゴビ草原、すなわちモンゴル・エレスがひろがる（写真４）。

南の山岳地域からながれだした河は、ステップとタイガ、ツンドラをへてバイカル湖や北極海へそそぐ。日本と中国には「北上」「南下」ということばがあり、また、ユーラシアを東西

写真3　シベリア南部ロシア連邦トゥバ共和国の岩画。古代の青銅器時代の遊牧民がのこした文明の跡である。この種の岩画は南モンゴル草原と新疆ウイグル自治区アルタイ山と天山、西のカザフスタンまでみられる。

写真4　モンゴル高原南部のゴビにくらす遊牧民。ゴビは沙漠ではなく、草原の一種である。正確にはゴビ草原である。

にわけてみたときには河はほとんど西から東へながれ海にそそぐという印象をいだくだろう。しかし、ユーラシア的視点では、河は北へとくだっていく。そのためか、シベリアとモンゴルには、地球は太陽の沈む北西方向へ低くかたむいているという神話がつたわっている。

南の天山山脈やアルタイ山脈から北へとくだるおおきな河は、古来、交通の要所としても機能してきた。ユーラシア草原は、この南北の河川ぞいの交通路と、シルクロードという東西をむすぶ交通路が交差する場である。

## 梅棹忠夫の『文明の生態史観』

さて、日本の考古学者や東洋史学者、ユーラシア史学者はユーラシア草原を「縦」にわけたがるとのべたが、「縦」でも「横」でもない第三の分類法を提唱したのも日本人だ。国立民族学博物館の創始者で、初代館長の梅棹忠夫氏である。

序章でも指摘したが、かれは、名著『文明の生態史観』などで、ユーラシア大陸の西端と東端における人びとの価値観や社会システムがよく似ている事実に注目した。西端とはイギリスに代表される西ヨーロッパであり、東端とは、陸つづきではないが日本である。

世界を東洋と西洋とに類別するということが、そもそもナンセンスだ。……ここでわたしは、問題の旧世界を、バッサリ二つの地域にわけよう。
それぞれを第一地域、第二地域と名づけよう。

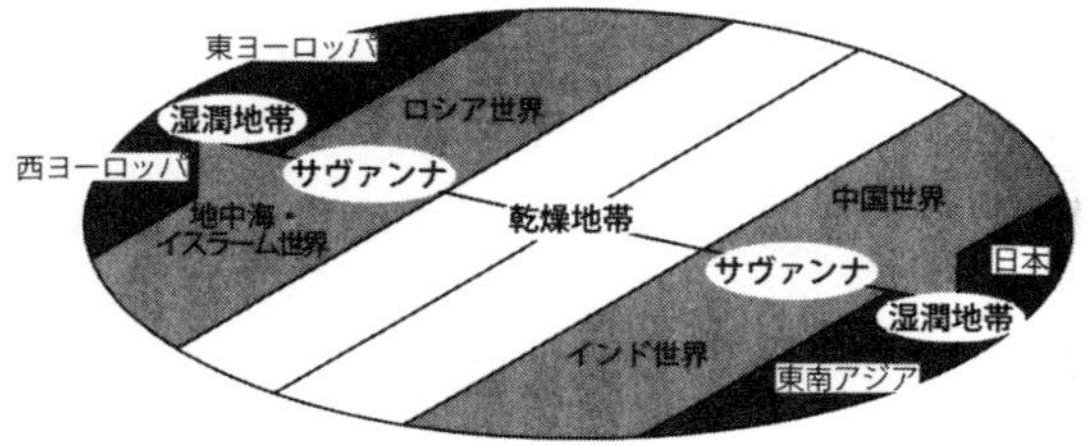

図1　梅棹忠夫が文明の生態史観にもとづいてしめす第一地域と第二地域。出典：梅棹忠夫『文明の生態史観』

梅棹氏はこのように旧世界の封建的な文明をもつ東西両端の湿潤な地域（西欧・日本）を第一地域とした。そして、第一地域に挟まれる第二地域（旧世界のユーラシア大陸部）は、乾燥した草原からなり、そこの住民は専制的文明を構築し、近代化が著しくおくれているという文明の生態史観論をうちたてた（図1）。

生態史観とは、生態学でいうところの遷移（サクセッション）の法則にしたがって動物・植物が自然共同体を形成するのと同様に、人間の歴史的営為もまた本質的には同じだ、という思想である。梅棹氏がこういった文明の生態史観論に達したのには、戦時中に内モンゴル（南モンゴル）でおこなっていた調査体験がおおきく影響している。梅棹氏は「第二地域は悪魔の巣」「暴力の根源である」とも書いており、第二地域出身の私は大変おどろいたのだが、「暴力とはパワーの意味だ」とその真意を直接、おそわったことは序章でも記した通りだ。

写真5　恩師の松原正毅先生とともに、アルタイ山中で遊牧民の調査に携わった1992年の風景。左の馬に乗っているのが著者。右から三人目は、騎馬の松原正毅氏。

私が国立民族学博物館でまなんでいたころのことである。月に一度、梅棹忠夫館長の昼食会によばれる機会にめぐまれていた。先生はご自身のお名前をモンゴル文字で書き、そして「遊牧民のパワーが世界史を動かした」とかたった。第二地域には、歴史をつくりだすパワーがあるというのである。その第二地域にくらしているのは遊牧民だ。梅棹氏は、遊牧民が移動すれば歴史が動くといいたかったのである。

その後、私の恩師である松原正毅・国立民族学博物館教授（写真5）は端的に、「遊牧が、ユーラシアにおいてはたした歴史的役割はおおきい。その主要な役割は、歴史変動の内燃機関の機能といえる」と指摘した（「遊牧からのメッセージ」）。

実際に、東アジアにかぎってみても、たと

えば清朝が形成されたのは満洲人が勃興したからである。では満洲人はなぜ誕生したかというと、かつてその地にあった大金国（一一一五〜一二三四）がモンゴル帝国（一二〇六〜一三六八）にほろぼされたからだ。西でも話は同じだ。フン族が西へ動いたことで東ローマ帝国（三九五〜）領内においても諸民族の大移動がはじまり、テュルク（突厥）がモンゴル高原から移動した結果、ユーラシアはテュルク化を実現した（「テュルク」については第四章でもくわしくふれる）。このおおきな世界史の変動を、梅棹氏は文明の生態史観によってはじめて解明したのである。

　では第二地域とはどのような地域かというと、ユーラシア草原である。

　気候および植生ではステップ地帯と、その南の沙漠性草原（ゴビ）では禾本科の植物が広大な土地に群生している。ステップも沙漠性草原も家畜の放牧に適している。それゆえにユーラシア草原では早くから有蹄類が家畜として飼育され、家畜が移動するのにあわせて、人間もまた追随するようになった。テュルクやモンゴルなどの遊牧民はヒツジとヤギ、ウシとウマ、それにラクダの五種類を家畜とみなす。遊牧民の価値観では、イヌやネコ、そしてブタなどは家畜のジャンルにははいらない。「五畜」に共通しているのは、搾乳の対象となれることだ。松原正毅氏は、乳製品の製法が確立した段階で、遊牧は成立したと指摘している。

　草原には、穴居齧歯類の動物、タルバガンも生息している。地面に穴をほるので土壌の通気性はよくなるが、これがあまりふえすぎると草原が荒れる。そのタルバガンはオオカミによって捕食される。オオカミは家畜を食べることもあり、人間もまた家畜を食す。このように、草原は複合循環型の生態系を保持している。その循環をどの程度の規模に拡大できるかは、水の量できまる。

ユーラシアでは古くから、「草原は天の賜物」で、家畜をはなつ者なら万人が共有する財産とされている。広々とした草原には、随所に河がながれていたり泉がわいていたりする、水にめぐまれる良質な草原とそうでない地域がある。

水にめぐまれた良質な草原を使用できるのは、パワーのある遊牧民だ。力のない集団は相対的におとった草原をつかうようになる。草原の質の優劣は、遊牧民社会内の序列を決定づける場合もある。

遊牧民の価値観では、おおくの家畜をもっている家が裕福とみなされる。利用している草原の広さなどの条件もとうぜん、重要である。水にめぐまれた良質の草原で、おおくの家畜を放牧していることが、豊かさの証なのだ。

また、狩猟採集民へ強い敬意をあらわすのも遊牧民ならではの価値観といえる。のちほどくわしくのべるが、遊牧民は、自分たちよりも長い距離を移動する狩猟採集民は、それだけおおくの情報をもっている知識人であるとみなす。一方で、まったく移動しないシナ人農民のことは自分たちよりも保守的な存在だと考えている。「人は動くもの、山は動かないもの」ということわざが遊牧民のあいだにはある。これは、動かない人間は保守的で、固定観念に束縛されやすいという意味だ。

都市の商人は、遊牧民からみると農民以下だ。都市は人間を集約しそこから動かないようにする装置であり、そこで商売をするのは金銭に執着する人びとだ、と遊牧民は理解する。遊牧民の「移動性を基底においた生活では、累積的な富の蓄積はおのずから制約される。このため、遊牧社会には極端な階層性のない平等な社会構造をもつ。農耕社会のような富の偏在が生起しないのである」。これも、長年にわたって、ユーラシアの遊牧民と生活をともにしながら、フィールドワークを展開してきた松原正毅氏の結論である（前出「遊牧からのメッセージ」）。

このような価値観をもつ遊牧民族による文明をみとめる以前の中国は、農民史観、農耕民族的視点から遊牧民をながめ、見下してきた。もっとも、遊牧民からすればもちろん遊牧民のほうが能動的で、農耕民族を固陋だとみていた。その農耕民族が遊牧文明を歪曲してきたとの思いがある。これが、モンゴルと中国とのあいだの今日的な文明論争のひとつの要因にもなっているのである。

## 沙漠の文明

話を沙漠性草原にもどそう。

私の出身地であるオルドスもまた、沙漠性草原の一角にある。沙漠というひびきから、鳥取

写真6　モンゴル国南部ゴビ草原の遊牧民。搾乳するヤギの首を一本の紐でくくる。搾り終わって、紐を引っ張ると、瞬間的に解ける。

砂丘のような土地を想像する人もいるかもしれないが、ユーラシアの沙漠は、日本の砂丘とはまったく別の性質をもっている。

日本ではゴビ沙漠の名でしられるモンゴル・エレスは、シベリア南部からオルドスにかけてひろがっている（写真6）。地図でみると、北西から南東へとよこたわっているのがわかる。その西の中央アジアにはまたカラコルム沙漠があり、こちらもはやり北西から南東へとひろがっている。これは偶然ではない。

沙（すな）の分布を北西から南東へとつくりあげているのは偏西風だ。もしも偏西風が吹かず、沙がここに運ばれていなければ、モンゴル・エレスもオルドス高原の北東部も青々とした草原であっただろう。だからユーラシアでは、沙漠を不毛の地とはみなさない。むしろ暖かな、冬営に適した土地と愛されている。

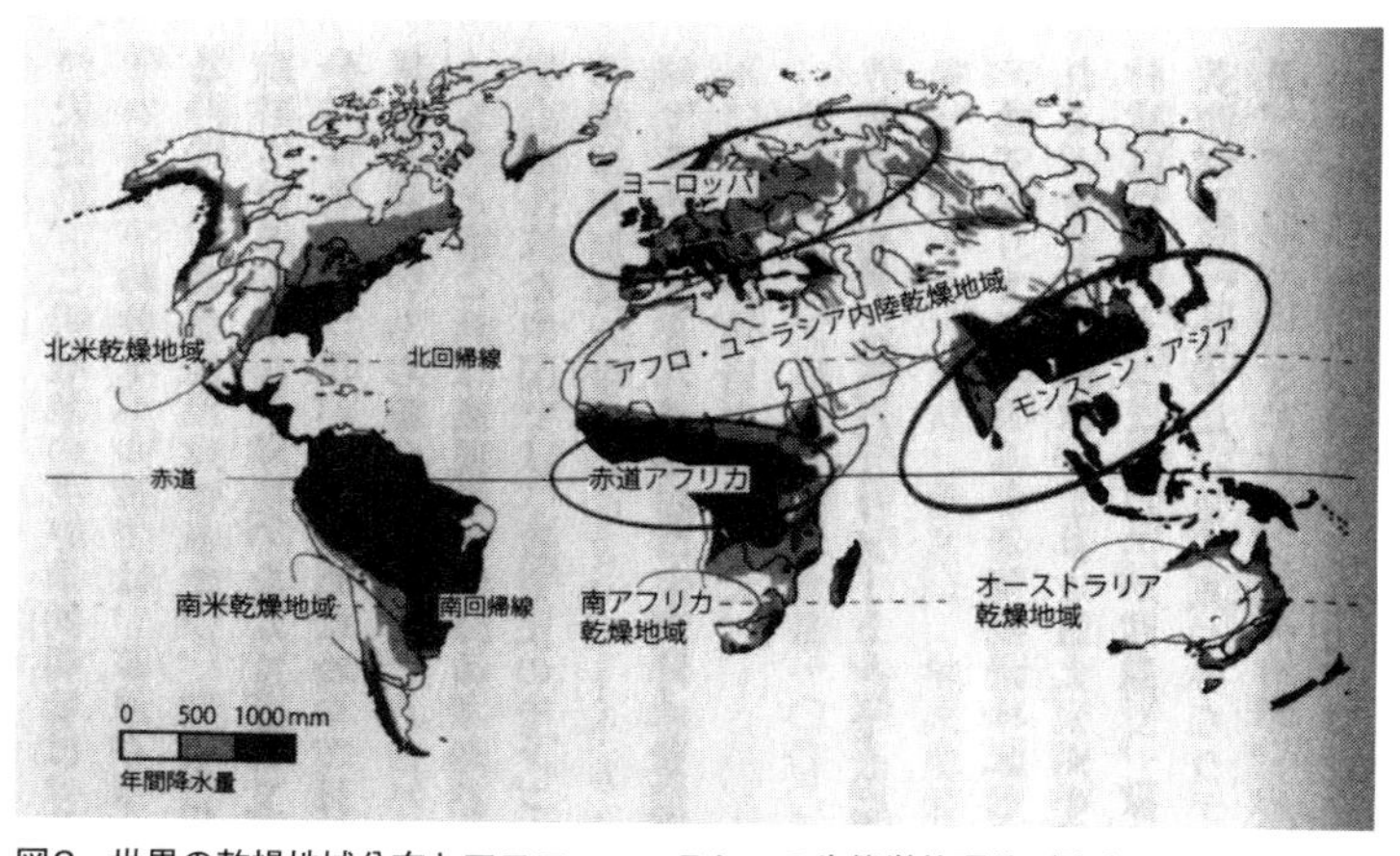

図2　世界の乾燥地域分布とアフロ・ユーラシアの生態学的環境（降水量による区分）。
出典：嶋田義仁『砂漠と文明』

文明史的にみると、ユーラシアの乾燥地にいわゆる世界四大文明が発祥している（嶋田義仁『砂漠と文明』（図2）。近年、名古屋大学元教授である嶋田義仁氏は人類の文明を地球人類学的文明論の次元にまでたかめ、とくにアフロ・ユーラシア乾燥地文明がはたしてきたやくわりについて再評価している（嶋田義仁『砂漠と文明』）。

嶋田氏が「砂漠」という文字をもちいるのに対し、モンゴル人の私はやはり「沙漠」が好きだ。日本の場合だと、「砂漠」は砂利が細かくくだけてできた結果だろうが、ユーラシアの「沙漠」には豊富な水がふくまれているので、やはり「沙」でなければならない。私が小さかったころ、ふるさとの沙漠には湖があり、魚もいた。その後、湖は消えてしまった。中国人農民がやってきて、農耕地にかえてしまったからだ。

最近まで、ユーラシア各地の沙漠を緑化しようという動きが日本などにあったが、それは地球に吹く偏西風にさからおうとする農耕世界にすむ人間の妄想的な行為であり、むだでしかない。ただし、近代にはいってから、旧ソ連や中華人民共和国の域内に新たな沙漠が誕生したのも事実である。それは、遊牧がもたらしたのではなく、もともと農耕に不向きな土地にロシア人や中国人農民が入植し、草原を畑にかえたからである。草原を畑にかえることは緑化になると思われるかもしれないが、栄養層の薄い地表が破壊されて沙漠になるので、科学的にも経験的にも逆効果になることが証明されている。沙漠化をふせぎたいならば、ロシア人と中国人がこれ以上、乾燥した大地を犂（すき）や鍬（くわ）で切りひらかないよう指導すべきである。

## 二　青銅器文明

### 草原に冶金文明は生まれた

「遊牧の起源は、農耕よりもふるい可能性がつよい。乳製品の製法が確立した段階で、畜産物を主体に生活を維持することはじゅうぶんに可能であった」

みぎは、ユーラシア各地の遊牧民社会で調査研究してきた松原正毅氏の見解である（前出）。ユーラシア草原で遊牧がはじまったのは、青銅器時代の紀元前一〇〇〇年頃と考えられている。青銅器は宗教や哲学の形成にも関係していることから、文明をよみとくにあたってこれに注目することは非常に有意義だ。近年、この青銅器時代の文化の編年がすすんでおり、それによって当時の遊牧民をより深く理解できるようになった。

たとえば、シベリア南部にあるミヌシンスク盆地では数おおくの青銅器が出土しており、青銅器を製造し、かつ、牧畜と狩猟・漁労を並行しておこなうミヌシンスク文明があったことがわかっている。その文明は、出土した層のちがいと青銅器の特徴により、古い方からアファナシェヴォ文化、アンドロノヴォ文化、カラスク文化と分類することができる（藤川繁彦編『中央ユーラシアの考古学』）。

この時代はシナでいうと神話上の三皇五帝の時代から春秋戦国時代（前七七〇～前二二一）に相当する。ミヌシンスク盆地では、シナとは完全にちがった文明が成立していたのだ。

ユーラシア考古学者の藤川繁彦氏によると、まず、紀元前四〇〇〇年にはすでに銅石器と馬の利用がはじまっていた。そして紀元前三〇〇〇年、アファナシェヴォ文化がおこるころに、青銅器の製造がはじまった。具体的には、青銅による短剣などの製造が開始したのである。

紀元前三〇〇〇年末になり、ミヌシンスクでの文化がアファナシェヴォ文化からアンドロノヴォ文化へと移行するころ、シベリアのサヤン・アルタイ山脈の鉱床の利用がはじまった。鉱床は青銅器の製造に欠かせない存在である。

さらに紀元前二〇〇〇年から紀元前八〇〇年くらいになると、新たにカラスク文化が誕生する。青銅器の製造範囲は、草原全体そして森林全体へとひろがった。このころにつくられた青銅の短剣は今日までに、東は満洲平原から西は黒海沿岸まで、広大な範囲で出土している。

広漠な範囲でよく似た青銅の短剣が出土したという事実をうけて誕生したのが、ユーラシア（シベリア）冶金（やきん）圏説である。文化圏あるいは文明圏を標榜するには、その圏内での文化や文明がどれだけの均一性をもつかがとわれる。この地域で出土した青銅の短剣はほぼ同じものである。青銅の短剣は武器としての実用性はあまり高くなく、高貴な身分や権力の象徴としてつかわれていた可能性が高い。

当時のシナ・殷（前一三〇〇〜前一〇二七）でも同時期に青銅器はつくられていた。しかしそれは短剣ではなく農耕儀礼用の重厚な祭器であり、家や権力の象徴としてもちいられ、固定建築の神殿内におかれていた。もしもち運ぼうとしたなら馬車や牛車などが必要なくらい大きくて重い。こうしたちがいから、殷はユーラシア冶金圏のそとにある。

なぜ、ユーラシア冶金圏はこれだけ広範囲にわたって分布するのか。

それは、遊牧民が移動したからだ。青銅製の短剣は、馬にまたがった遊牧民によって広範囲に流布したのである。これに対してシナでは、馬および馬車の利用がきわめておくれていた事実がわかっている。殷の遺跡からは、農耕儀礼用の重厚な祭器としての青銅器はみつかっているが、馬の骨や車輪等は出土していない。馬車が西アジアから徐々に東へとつたわった歴史については、すでに静岡大学名誉教授の荒川紘氏による確固たる研究結果がある。私も数年間、直接荒川紘氏からご教示をいただいたが、ユーラシア草原の東端にある殷は当時、まだ馬車の存在を知らなかったので、巨大な青銅器を運搬する手段をべつに講じなければならなかった（荒川紘『車の誕生』）。重厚な青銅器をつくる文化が殷王朝のそとへ広まらなかったのは、殷人がそれを携行しての移動ができなかったからともいえよう。殷文化は周辺へ拡散しなかったのである。

## オルドス式青銅器の謎

さきほど文化圏あるいは文明圏には圏内の均一性がもとめられると指摘したが、その文化圏説をつよくとなえたのは、ドイツの人類学者で政治地理学の祖ともいわれるフリードリヒ・ラッツェルである。かれは文化とは、その地域にすむ人が、地理的風土的な影響をうけてつくりだすものだとしている。どこかから伝えられる文化があったとしても、それはその土地の基本文化と接触して新たな混合文化を生みだすという考え方である。文化とは、高いところから低いところへ下げわたされるものであるという進化論的な考え方とは対立するものだ（堀喜望

『文化人類学』）。

たとえば、シナ文化が日本へつたわりそれが日本文化へと発展したというのは、一種の進化論・系統論的な考え方だ。私の目には、おおくの日本人はこの進化論・系統論的な考え方を無批判に受容しているようにみえる。日本人がシナ＝中国を過度に巨大視するのは、この進化論的な見地と無関係ではなかろう。

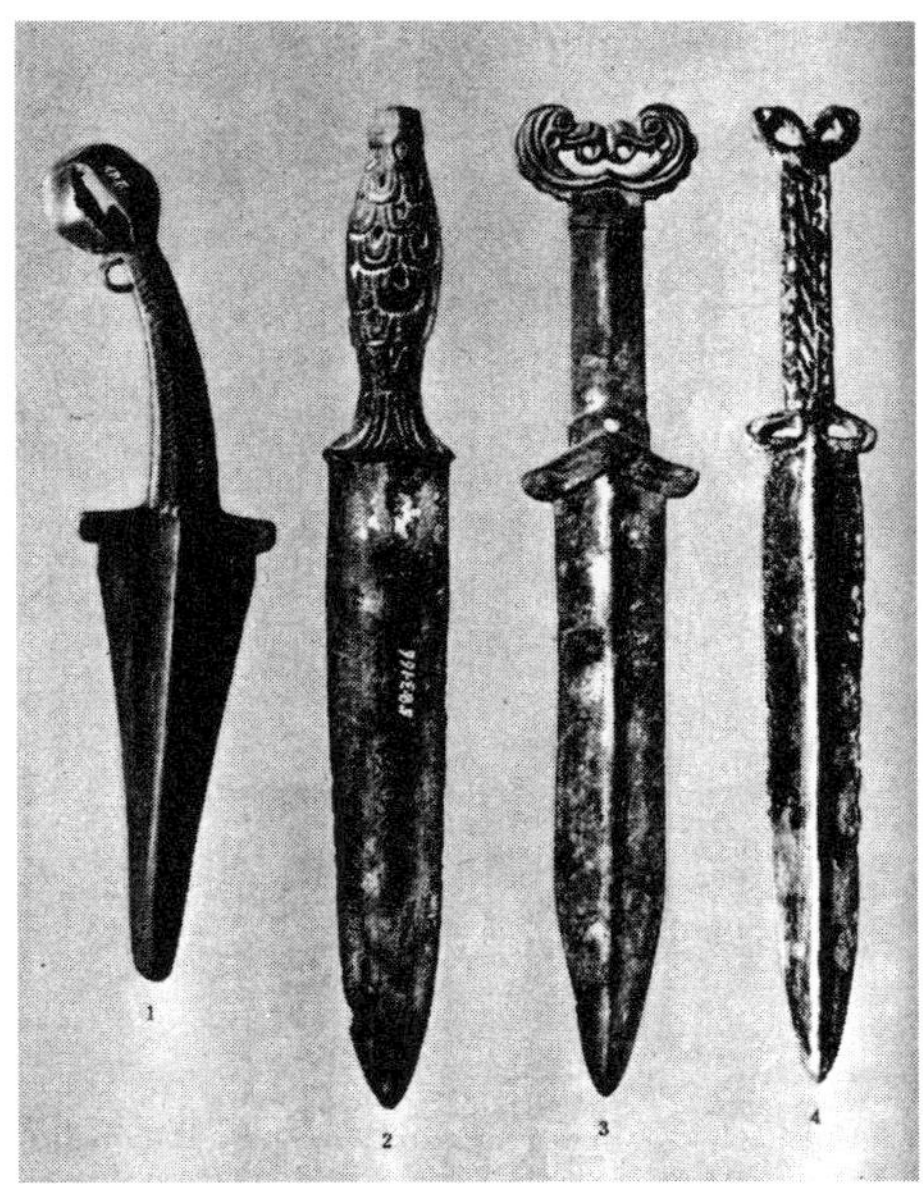

写真７　オルドス式青銅器の短剣。この種の短剣も遥か西方の黒海沿岸まで均一的に出土する。

私のふるさとオルドスは、双環柄頭（握り柄の端に二つの円環が二つ）の短剣や動物があらそう様子がえがかれた帯飾板（バックル）などの特徴をもつオルドス式青銅器が数おおく出土している地域でもある（写真７）。オルドス式青銅器が注目されるようになったのは、一九三〇年代に中国に留学し、南モンゴルの各地で調査をおこなっていた

写真8　オルドス高原ジュルへ（朱開溝）における発掘の風景。ジュルへJirukeとはモンゴル語で「心臓」を意味する。文化財はその出土地によって命名されるのが世のなかの不動の原理である。しかし、中国の狭隘なナショナリストたちは「Jiruke」と表記せずに、シナ語の「朱開溝zhukaigou」と書く。朱開溝はジュルへの当て字にすぎない。中国の国家民族事務委員会が制定した規定にも、「少数民族の地名はその主人にしたがう」とある。しかし、これをまもる中国人は少ない。

江上波夫氏と水野清一氏の二人の日本人考古学者が、とりわけ、日本の支配下にあった南モンゴルで、モンゴル細石器文化、綏遠青銅器などを積極的に調査し『内蒙古長城地帯』（東亜考古学会）という報告書にまとめたのがきっかけだ。日本において、いや世界的にみても、オルドス式青銅器の研究に先鞭をつけたのが、この二人の偉大な考古学者であった。

その後、中国では文化大革命が推進されていた一九六〇年代から七〇年代にかけて、オルドス高原中央部のエジンホロー旗にあり、モンゴル語で「心臓」

写真９　オルドス高原のジュルへからの出土品の一部、石斧類。

という意味のジュルへ（朱開溝）地域でみつかった遺構から、大量のオルドス式青銅器が出土し、一気に存在感をおおきくした（写真８、９）。

モンゴルでは、子どもの服に子安貝を縫いつける習慣があると前に書いたが、この青銅器の破片をボタン代わりにつかうことも日常的におこなわれている。

オルドス式青銅器には、まだ謎がある。それは、広漠たるユーラシアのどこでつくられていたかがはっきりしない。炉がみつかっていないのだ。その謎をとくかもしれないものを、私は数年前にみつけている。オルドスの実家付近を散策していたら、あきらかな青銅の炉の跡にであったのだ。これは大発見かもしれないと思い、地元の考古学研究所に知らせたところ、手柄を独り占めしたいのか、口止めをされてしまった。地元の考古学者たちの微笑ましい行動はそれでかまわないのだが、いつ炉の発見のニュースを聞けるのか、首を長くして待っている。

紀元前二〇〇〇年ごろ、赤い山岳ことウラーンハダでさかえた夏家店下層文化の遺跡からも、シベリア・ミヌシンスクのアンドロノヴォ文化型の遺跡からみつかったのと同様の青銅器が近年発見されている。青銅製の短剣のほか、馬具や帯飾板（バックル）もある。モンゴル高原から黒海までのあいだで、高度に意匠化された、ほぼ同じ絵柄のスキタイ式とよばれる帯飾板がみつかっている。考古学者たちはそれを「オルドス式青銅器」または「スキタイ式青銅器」とよぶ。スキタイとは、古代イラン系の遊牧民のことだ。

オルドス式あるいはスキタイ式の帯飾板には、ライオンかオオカミのような動物が馬に嚙みつくような、いわば肉食系の動物が草食系の動物をおそう場面がえがかれていることがおおい。また、馬を下りた二人の男が取っ組みあいをしている様子も描写されている。まるで相撲をとっているかのように（写真10、11、12）。文化人類学の知識からみれば、そうした小さな青銅器がついた帯は遊牧民にとっては大事な存在だ。カウボーイが幅広のベルトをつけるのには意味がある。荒れ馬に身をまかせていると、内臓が激しく動き、最悪の場合は腸がからみあって腸閉塞となり、死にいたる。そうした事故をふせぐために幅広のベルトで内臓をあるべき場所に固定するのだ。幅広い帯で身体をまいておくと、馬に乗っての長距離移動と軍事作戦にもたえられる。遊牧民のあいだで帯やそれを固定する帯飾板が発達するのはこれが理由だろう（写真13）。

現在、日本の大相撲は契丹（キタイ）起源といわれている。契丹とは一〇世紀にユーラシア東部にいた民族だが（契丹については第五章でくわしくのべる）、私はこの帯飾板の存在を根拠に、大相撲は紀元前のスキタイ起源だと解釈できるのではないかと夢想している。

## 中原と並行して存在したオルドスの文明

写真10（上）、11（中）、12（下）　オルドス式青銅器の帯飾板。出典：内蒙古自治区文物工作隊 田広金・郭素新編著『鄂爾多斯式青銅器』

写真13　草原の遊牧民青少年たち。服に隠れて見えにくいが帯を付けるのが一般的。

オルドス式青銅器は日本でもいくつも発見されている。九州地方が主だが、二〇一三年八月には滋賀県高島市にある上御殿遺跡で、弥生中期のものとみられる層から、剣を握る柄(つか)に二つの輪がついた「双環柄頭短剣(そうかんつかがしらたんけん)」が出土した。これまで日本国内で発見された銅剣とことなり、シナからつたわったのか、それとも日本海ルートで伝来したのか。伝来の径路には複数の可能性があり、銅剣の流通ルートを解明するうえで貴重な発見だ、と当時の新聞は報じている。「朝鮮半島にも九州にもない短剣が、なぜ近江に」「何につかったのか」という具合に、おおくの謎に研究者が頭をかかえているとも報じられていた。東はジパングの滋賀、西はヨーロッパとアジアの境にある黒海までの範囲で、オルドス式青銅器がみつかっているのだ。オルドス式青銅器の広範囲にわたる分布はもちろん、遊牧民がその広い地域をあまねく移動した結果によるものと考えてよいだろう。

ユーラシアの青銅器時代と、シナでの神話上の三皇五帝時代から春秋戦国時代はほぼ同時代である。この時代のユーラシアとシナとでは、完全に別の文化がおこっていた。であるから「春秋戦国時代のオルドス」といった具合に他者（シナ）の編年でユーラシアをかたるのは、シナの基準で他国をはかることであり、きわめて傲慢かつ不自然な問題だ。ここから脱さなければ、「シナ史観」でユーラシアをみつづける過ちにおちいってしまう。

いずれにせよ、スキタイ文化、そしてオルドス式青銅器文化は、紀元三世紀頃から衰退していく。シナでいえば後漢時代（二五〜二二〇）である。このあとユーラシアは鉄器の時代にはいっていく。

## 三　古代遊牧民が遺した遺跡

### 鹿石の謎

古代の遊牧民は数おおくの遺跡をのこした。それらの豊富な遺跡は、いまもなおモンゴル高原でみることができる。

そのうちの一つがヘレクスルである(写真14、15)。ユーラシア考古学者たちによると、ヘレクスルは青銅器時代の遊牧民が造営した古墳で、それをとりまく外構はおおきいもので半径八〇〇メートルに達するなど、日本の近畿地方でみられる大抵の古墳よりも規模が壮大である。「ヘレクスルとは、モンゴリヤとブリヤーチアに見出される積石塚に付けられた名称である」と、考古学者の藤川繁彦氏は定義する。なかからみつかるのは、家畜の骨や素朴な土器や青銅器、鉄器である。火をつかった痕跡も確認できる。人骨は非常に少ないが、仰向けに埋葬されていたことが確認されている。

ヘレクスルとは、モンゴル語で「キルギス人の墓」という意味だ。なぜこのような名前でよばれるようになったかは定かでないが、人類学的に考えてみると、きわめて興味深い考察ができる。

キルギスとは古くからシベリア南部からモンゴル高原北西部にかけてくらしていた狩猟・遊牧の民で、かれらが歴史の表舞台におどりでるのは九世紀半ばごろのことだ。ヘレクスルがつくられた青銅器時代は、キルギス人がモンゴル高原に進出する時代より遥か以前のことであり、古墳に葬られているのはキルギス人ではない。それなのになぜ、キルギスの前にいた、たとえばスキタイでもなく、また、その後にあらわれるテュルク(突厥)やキタイ(契丹)ではなくキルギスなのか。それは、現代のモンゴル人にとって、自分たちの祖先は「森林の民、キルギ

写真14　モンゴル高原中央の古墳。地元の遊牧民からヘレクスル＝「キルギス人の墓」と称される。

写真15　モンゴル高原西部ザウハン県内の古墳。

写真16　モンゴル高原の鹿石のある遺跡の風景。

ス」とつながっているという思いのあらわれかもしれない。

もうひとつ、いまもみることができる古代遊牧民による遺産に鹿石（しかいし）がある。鹿石とは主に角柱状の立石で、高さは一、二メートルほど、高いものでは四メートルほどになる。一望無人の草原で、この鹿石が主に墓地のちかくに立ちならんでいる。場合によっては数十体が並列していて、その雄大荘厳な様はさながらエジプトのナイル川西岸にある「王家の谷」（岩窟墓群）である（写真16）。「（鹿石は）上端が斜めに削られたサーベル形あるいは角柱形がおおい。モンゴルリアでは五〇〇以上、ブリヤーチアで一〇、山地アルタイで五〇、トゥバで三〇に上る例が確認されている」とのデータがある（藤川繁彦『中央ユーラシアの考古学』）。

この立石が鹿石とよばれるのは、そこに鹿の模様が彫られているからだ（写真17、18）。鹿だけでなく、オルドス式青銅器の特徴をもった短剣等も彫られている（写真19）。そのため、この鹿石は、「オルドス式青銅器」期以降のものと解釈する考古学者もいる。あるいは、それ以前に立てられたものに、青銅器時代の人びとが自分のもち物を彫りこんだとも考えられる。「鹿石の年代についてはさまざまな説があったが、最近では、基本的に青銅器時代であり、スキタイ時代以前であると考える説が有力になっている」（藤川繁彦『中央ユーラシアの考古学』）。いずれにせよ、オルドス式青銅器をつかっていた人たちが、この鹿石を草原で目撃していたことにはまちがいがないだろう。

鹿石にきざまれている動物は、鹿であることが定説になっている。しかし私はあえて、これは鹿ではないとも解釈してみたい。この動物は、鹿ではなくてトナカイではないのか。

人類学的見方にしたがえば、トナカイ文化圏というものがある。シベリアの原住民、カナダのエスキモー（イヌイット）、そしてスカンジナビア半島北部のサーミ人はほぼ同じ文化をもっている。かれらは狩猟採集をし、シャーマニズムを信仰する。生きたトナカイにそりをひかせ、屠（ほふ）ったトナカイの肉や皮は、自分たちの食料や衣服、そしてすまい（テント）として活用する。

悠長な歴史のなかで、このトナカイ文化圏には、そこにとどまる人もいれば、出てゆく人もいる。ツンドラの大地から出発し、南の草原に出現した人のなかには、ユーラシアで遊牧民となることをえらんだ人たちがいる。

よくしられているように、およそ五～六万年前にアフリカからでた現生人類（ホモサピエンス）（解剖学的・行

写真17、18　抽象化された鹿が彫られた石柱。

写真19　右端にオルドス式青銅器の短剣と斧が彫られた鹿石。

動的現代人）は、南北二つのルートをへて拡散し、東アジアにたどりついている。アラビア半島やインドなど温暖なルートをとおった人類は、それぞれの土地で農耕都市社会をきずいた。一方で、西欧、北欧、そして北極圏を経由して東を目指したグループもある。極寒のルートをとった人類がいたことも、さまざまな遺跡で確認されている（海部陽介『日本人はどこから来たのか？』）。

近年、北方ルートでは、確実な考古学的証拠から、人類は「西アジアからコーカサス山脈を経ておよそ四〜五万年前までには南シベリアへと進出していたと推定されている」、と静岡大学准教授で、旧石器考古学が専門の山岡拓也氏らは指摘している。私の同僚である山岡氏らは実際にモンゴル高原で旧石器時代の遺跡についても調査を実施している。かれらがいう南シベリアとは、アルタイ山脈やモンゴル北部、バイカル湖周辺をふくむ。モンゴル国東部のハンザットにある旧石器の遺跡はその証拠のひとつである（山岡拓也「道具資源利用に関する人類の行動的現代性」。出穂雅実、B・ツォグトバータル、山岡拓也ほか「モンゴル東部・ハンザット1旧石器遺跡の第1次調査報告」）。

北極圏で狩猟採集生活をするようになった人類のなかには、狩場を森林にもとめ、さらにゆっくりと時間をかけて草原をめざす人たちも出てきた。この人たちはやがて、牧畜に適した草原で、遊牧をはじめる。

遊牧民は、狩猟採集民へつよい敬意をあらわすことはすでに書いた。それは、自分たちの

写真20　モンゴル人が神聖視する軍神スゥルデに野生動物に見立てた供物を捧げている風景。頭部と心臓部が連結した状態で生きたままの野生動物であることを演出している。

祖先、ルーツへの敬意である。その敬意はいまもなお、神にささげる神聖なる供物は、飼いならした家畜ではなく、狩りでとらえた野生動物であるべきだという価値観を生みだしている（写真20）。

チンギス・ハーンの一族の歴史をえがいた『元朝秘史』をひもとくと、祖先は狩猟採集をしていたが十世紀か一一世紀にようやく草原で遊牧に転じた過程がよみとれる。そして、チンギス・ハーンもまた、少年時代には狩猟採集をいとなみながら、往古の祖先を神聖視していたことが、モンゴル人自身の「秘められた歴史」にしるされているからだ。

こうした歴史的、文化的背景から私は、鹿石にえがかれているのはトナカイであり、モンゴル高原で遊牧化した人たちが、狩猟採集をしていた尊敬すべき祖先の象徴としてきざんだ聖なる象徴的符号ではないかと解釈している。

この鹿石には、もうひとつ謎がある。何のために立てられたものなのかが、わかっていない

写真21　北極星を現した「黄金の柱」。ロシア連邦ブリヤート共和国首都ウランウード近郊。

のだ。この解釈をこころみるときには、えがかれているのは鹿という立場をとることも今後は可能になるかもしれない。

というのも、ロシア人を含むシベリアのいくつかの民族は、北の空にかがやく大熊座を鹿とよぶからだ。ロシア連邦のサモヘド族は「北極星」を、「鹿を射止めた狩人」と称している。モンゴル人もまた、北極星を「黄金の柱」(アルタン・ガダス)とよび、その「黄金の柱」のちかくにあるオリオン座を「三匹の鹿」と表現する(写真21)。さらに、ユーラシア東部の狩猟採集民と遊牧民もやはり天体と鹿をむすびつけて考えている。天の川を、人に追いかけられ、切りつけられた鹿だという神話すらある(ウノ・ハルヴァ『シャマニズム——アルタイ系諸民族の世界像』)。

写真22　オルドス高原のチンギス・ハーン祭祀。手前にある「黄金の柱」（北極星）は地面に木の枝で表現された「天の河」とつながっている。

私は、鹿石信仰は遊牧民の北極星信仰、拝天信仰と関係する、と人類学的な解釈をこころみたい。

遊牧民は天を信仰する。広々としたユーラシア草原のうえに天幕のように籠蓋（ろうがい）する夜空で、北極星すなわちモンゴル人がいうところの「黄金の柱」はきらきらとかがやく。「黄金の柱」をみあげる人びとに北極星は太陽と月をのぞいて、三番目に特別な存在であるという思いをいだかせる。そう思う人たちにとって、ユーラシアの人びとが共有する草原は天の賜物であり、天は最高の神である。

人類学的な証拠をひとつあげよう。十三世紀からつづけられてきたチンギス・ハーンをまつる祭典である。この「チンギス・ハーン祭典」においても、「黄金の柱」すなわち北極星と天の河に聖なる馬乳酒をささげる儀礼がある（写真22）。この政治的な儀礼は、チンギス・ハーン一族、すなわち「天孫」たちによって実施される。もし、北極星すなわち「鹿を射止めた猟人」を「黄金の柱」と同一視するならば、大地に立つ鹿石も拝天儀礼につかわれていた、と説明できるのではないか。こう考えると、鹿石が立っていた時代の遊牧民たちはひょっとしたら、今日の私たちが「鹿石」とよぶ立柱を「黄金の柱」すなわち「北極星」と表現していたかもしれない。

現世にはさまざまな神話や宗教（おしえ）があるが、おおくの地域でそれらの誕生以前にあったのは拝天信仰だ。遊牧民の拝天信仰はのちに中国にもつたわり、周代以降にシナでも皇帝は天子という概念が生まれる。それ以前のシナには、天を信仰するという考えは希薄だった。シナの古代宗教は帝（みかど）信仰であった。帝とは神ではあるが天とはむすびつかず、また、人格化もされていなかった（伊藤道治　貝塚茂樹『古代中国』）。さらにいえば、シナ人は天についてふかく思いをはせることがなかった。一方、遊牧民は天が九つの層からなり、それぞれの層にそれぞれの神がすんでいるなどと想像していたが、シナではそのように天に対して具体的な像が具現化されることはなかった。

ここまでをふりかえると、遊牧文明を、黄河文明や揚子江文明とならべ、中華文明の発祥のひとつとするのにはおおきな無理があることがわかるだろう。遊牧文明はやはりユーラシア文明の一部なのだ。もっとも、すでにふれたとおり、殷墟から極少数のオルドス式青銅器がみつかっているように、シナと遊牧民とのあいだに交流はあった。それはあくまで遊牧民によってことなる文明同士の対話がもたらされた結果にすぎない。それゆえに、遊牧文明は、シナに属するものでは決してないのだ。

これ以降本書ではそれを前提に、中国からは独立した文明の視点で「ユーラシア文明」をつづっていくことにしたい。

# 第三章　「西のスキタイ、東の匈奴」とシナ道教

スキタイ
匈奴
黄河
揚子江

BC5世紀頃

## 一　遊牧民とは誰のことか

遊牧民の「遊」とは、規則ただしい移動を意味することばだ。その規則性をもたらすのは春夏秋冬といった季節の変化だ。動物は、暑くなれば涼しい地域へ、寒くなれば暖かい場所へと、季節の変化におうじていとなみやすい土地へ移動する。人間も、太古の狩猟採集時代は獲物、牧畜時代は家畜としての動物が移動すれば、それに追随してすまいをかえるしかなかった。この自然の遷移的摂理（サクセッション）が遊牧の起源であろう。

### 閉鎖の象徴・万里の長城

遊牧民は、自分たちでいつ移動するかを集団内で相談のうえにきめる。しかし、明日に引っ越ししようときめて床に就き、翌朝人間が起きてみると、すでに家畜は夜中のうちに移動済みであったという実例も毎年のようにおこる。遊牧はいまでも、動物を追って動く性質が人にのこっていることをしめしている。

写真1　馬上の遊牧民たち。馬の背中に跨ると、視野は広くなり、自然と移動したくなる。一人が複数の馬をひき、走りつかれたら、馬上で別の馬にとびのる。だから遊牧民の移動は速い。

家畜の飼育は、一万年ほど前のメソポタミアで成立したというのが長年の定説であった。当時の家畜は「羊」だった。やがて八〇〇〇年ほど前に「牛」が加入し、六〇〇〇年ほど前に「馬」がくわわったとされていた。しかし昨今、起源の地はメソポタミアではなく、ユーラシア北部の草原地帯ではないかという説も有力視されるようにかわってきた。

遊牧民が利用する家畜は、「毛皮」と「肉」と「乳」といった人間の衣食住に利用できる羊や山羊と、パワーとしても利用できる牛やラクダ、馬である。牛やラクダは運搬に利用し、馬は軍事につかう（写真1）。産業革命の恩恵が都市農耕民にひろがるまでは、遊牧民が軍事的に圧倒的なつよさをもっていたのは、馬の機動力をあますところなく利用していたからだ。その優位性は、十八世紀後半の産業革命によって蒸気機関や鉄道、そして重火器が発明されるまでつづいた。

遊牧民の先駆者は、西方ではスキタイ、東方では匈奴である。

スキタイは紀元前七世紀から紀元前四世紀にかけて現在のウクライナ周辺に、匈奴は紀元前三一八年あたりから紀元後三〇四年あたりまで中央ユーラシアを中心に活躍していた。

西のスキタイと東の匈奴はことなる民族とされてきたが、共通点がおおい。

どちらも馬にまたがって移動するため機動性が高く、馬上から弓矢をひく騎射をおこなっていた。

スキタイと匈奴は価値観も共通していた。戦闘において、形勢が不利になったと判断すると、そこから瞬時に撤退する。遊牧民にとって、撤退は不名誉なことではない。これはシナとのおおきなちがいである。シナでは撤退も敵の軍門にくだることも不名誉とされる。

このような逸話もある。

漢王朝の軍人・李陵は、武帝の命により匈奴との戦にのぞむが、力およばず敗れ、投降する。それをしった漢の武帝は激怒し、李陵の一族を処刑する。遊牧民は命を何よりも大事にし、捕虜となることを不名誉とは思わないため、このような暴挙にでることはない。亡命、投降したシナ人（漢人）を重用することもしばしば匈奴ではあった（護雅夫『李陵』）。欧米でも、捕虜になることは不名誉なことではない。不名誉と感じるのは、儒教的な価値観をもつ民族だけであろう。その点は、部分的にシナ思想を導入してきた日本も、太平洋戦争中の軍人にも同様の価値観がうえつけられていたとみることもできるかもしれない。

「西のスキタイ、東の匈奴」とはいうものの、匈奴は西方にもその名をしられていた。ただし、匈奴としてではなく、「フン」という名である。モンゴル人は「匈奴」を「フンヌー」とよぶ。モンゴル語で「フン」とは「人間」の意味であり、その複数形がフンヌーである。匈奴が、西方へ遠征すると、現地ではフン族すなわちフンヌーとよばれたのではないかという学説がある。

私がオルドスの出身であることはすでにのべたが、オルドスは匈奴の本拠地だ。

実家の玄関からは、約五〇キロ先に「万里の長城」の烽火台を毎日のようにながめていたものである。私の原風景の一部である。ただしその万里の長城は決して立派なものではなく、むしろきわめて粗末にみえていた。

おおきなその建造物がなんであるかに、私は子どものころから興味をもっていた。おりにふれ、親に「あそこにみえているのはなに？　なににつかうもの？」とたずねていた。

モンゴル人は長城をチャガン・ケレム、すなわち「白い土塀」とよぶ。親は私に、あの「白い土塀は、向こう側にすむシナ人が、歴史的に対峙をつづけてきたわれわれ遊牧民の南進をくいとめるためにつくったものだ」とおしえた。近所の老人たちも、みな異口同音にそうかたっていた。しかし私はその答えを聞くたび、子どもながらに、シナ人はこんな粗末なもので人間の移動をふせごうと考えていたのかと疑問に感じていた（写真2）。

その疑問の答えをたしかめに出かけたこともある。五、六歳に成長し、馬にのれるようにな

写真２　オルドス高原の南部、陝西省北部の長城跡。

った私は大人たちとともに、家からみえていた長城のすぐそばまで行ってみたことがある。私の馬は軽々とその長城を超えた（楊海英『草原と馬とモンゴル人』）。遊牧民をふせげなかったであろうことは明らかだ。私が超えたその長城は、明代の建造物であるが、古代中国は秦の時代から長城の造営をこころみている。むろん、遊牧民から自国をまもるためである。

この、長城という土塀で自国をまもるという発想は閉鎖的であり、じつに中国的である。そのような指摘や議論は一九八〇年代、鄧小平や中国の知識人によって改革開放がすすめられていた中国のなかでも一時されていたことがある。

中華文明は閉鎖的な文明であり、その象徴が万里の長城だ――というわけだ。「長城は、決して中華民族の偉大なるシンボルではない」、他者との境界を土塀建設で以てしめすような閉鎖性を打破しなくては改革開放もなしえないというのが、当時の論調であった。そうした建設的な議論にそったテレビ番組を、そのころ、北京に遊学していた私はしばしばみた記憶がある。匈奴の伝説を聞いてそだった私は、万里の長城が閉鎖性の象徴であるという説にはおおいに納得ができた。

ところがその後、斬新な長城再認識論は政治的に批判され、問題視されるようになっていく。「中華文明に閉鎖性はなく、昔からずっと偉大なものだった」という自己中心史観が主流をしめるようになっていったのである。この自己中心史観、すなわち中華思想は同時に強烈な排他性をおびている。具体的には古代においては「反異民族」で、近代にはいってからはまた反外国主義に変質し、二〇一二年以降はさらに反日を特徴としている（佐藤公彦『中国の反外国主義とナショナリズム』）。

## モンゴル高原からドナウ河にかけて共通する文化

オルドスは匈奴の本拠地であった。長城にちかいことからも明らかなように、匈奴にとっては対漢の、漢にとっては対匈奴の戦いの最前線であった（地図1）。

匈奴の時代からだいぶくだるが、紀元五世紀には、赫連勃勃（かくれんぼつぼつ）という非常にユニークな名前の

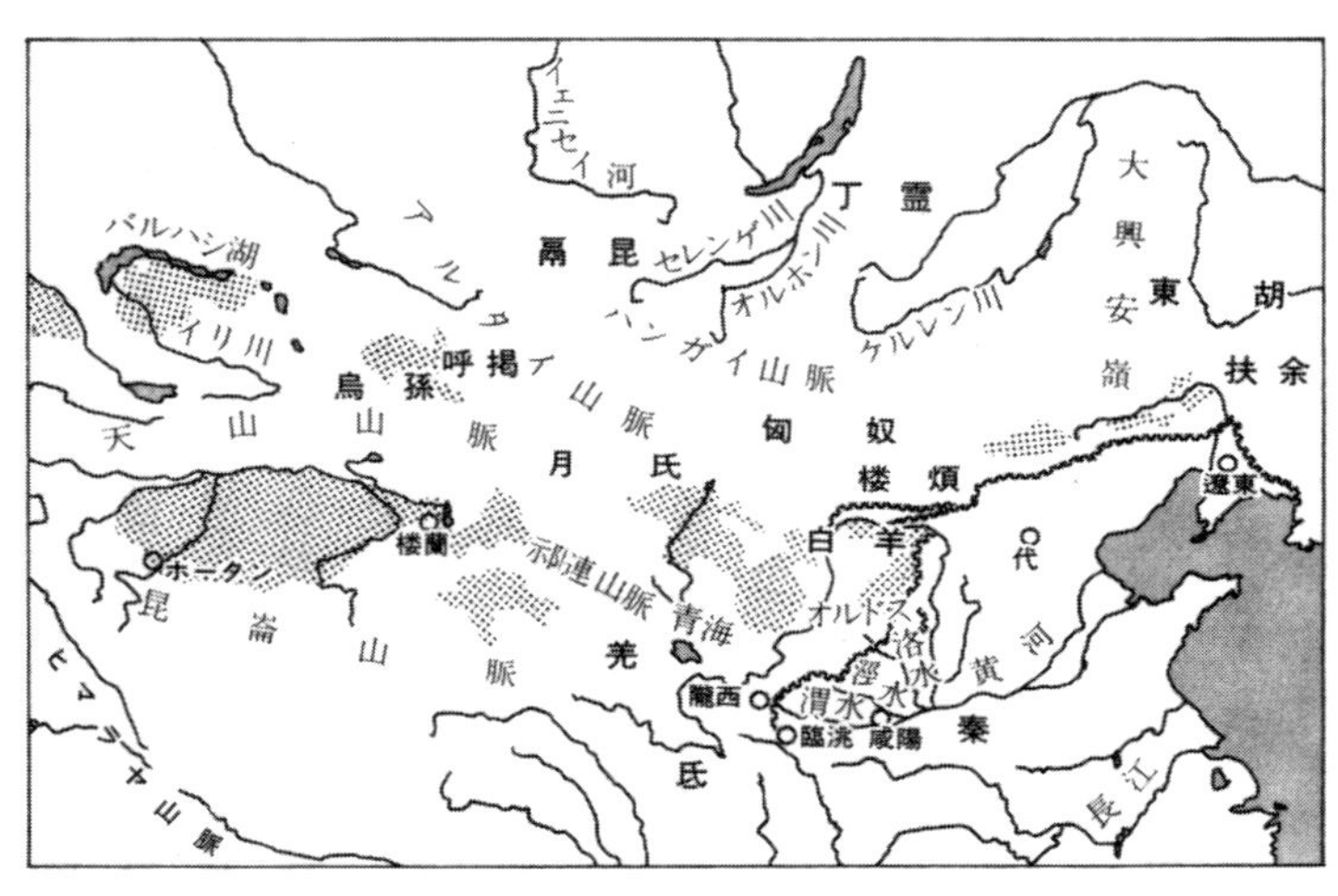

地図1　紀元前三世紀の匈奴を中心とした北アジア遊牧民世界。出典：沢田勲『匈奴』

人物が、オルドスの地に「トゥメン・バラガス」、漢字で書くと「統万城（とうまんじょう）」という城をきずき、大夏王朝を建国する。この大夏は五胡十六国（シナで、四世紀初頭から五世紀初めにかけて、五胡と漢民族が華北に建てた十六の国）のひとつである。

統万城もまた、私の家のちかくにある（写真3）。オルドスには、匈奴の赫連勃勃に関する伝説がのこされている。伝説によると、統万城の地下には、遥か南の長安まで、トンネルがほられているという。赫連勃勃の匈奴軍団はいつもそのトンネルをとおってシナの地に神出鬼没していたから、戦いにはめっぽうつよかった。近辺には洞窟がおおく、トンネルの用兵伝説は、子ども心にも信用に足るもののように感じられた。

写真３　オルドス高原南西部、ウーシン旗にあるトゥメン・バラガスこと統万城。近世にはいり、中国の陝西省から南モンゴルに侵略してきた漢人たちは城壁に横穴を掘ってすむようになった。

統万城は大夏の夏季の都で、長安は冬期の都であった。季節によって都を転々とするのも遊牧民の君主の典型的な習性だ。赫連勃勃は、匈奴の王族、単于（統率者・君主）の系統をひく人物である。五胡（匈奴・羯・鮮卑・氐・羌）十六国の王朝のいくつかは、匈奴系統の人物によってつくられた。匈奴が最初に中国の記録に登場したのは紀元前三一八年であるが、東方での最後の歴史はこの赫連勃勃による大夏王朝が創出する。

オルドスは、シナが秦であったころから五胡十六国時代まで、匈奴とともにあった土地だ。そこで生まれそだった私が匈奴に思いを致すのは、ふるさとを思うのと同じくらい、あたりまえの行為だ。実際、隣接する中国陝西省の中国人たちが私たちモン

写真4　オルドス北部のハンギン旗草原から出土した匈奴の王冠。中国の重要文化財に指定されている。

ゴル人を「匈奴」とよぶこともある。北部中国の中国人もまたモンゴル人を匈奴の後裔だと理解している。

匈奴がオルドスにのこした文化は、いたるところでみつかっている。

もっとも有名なのは、紀元前三世紀の「王冠」であろう。黄金でつくられた王冠の上には遊牧民が神聖視する鷲が鎮座している（写真4）。発掘されたのは一九七二年で、私が小学校に入学した年でもあり、文化大革命の最中でもあった。当時は、政治的にも経済的にも史上、もっとも暗黒な時代であったため大々的に報道されることはなかった。しかし、周囲の大人たちが、「古代フンヌーの立派な王冠がみつかった」ことを興奮気味に、わが祖先を自慢しながら話していたのをよくおぼえている。私のふるさとのモンゴル人社会内でも、匈奴ことフンヌーがやがてモンゴルに発展したと認識されている。その誇らしい祖先の王冠は現在、中国の重要文化財となっている。

日本の慎重な歴史学者は匈奴がテュルク系だったか、モンゴル系だったかについて、議論しない。

しかし、匈奴をモンゴル民族の祖先とみなす史観は近年、モンゴル国でも内モンゴル自治区でもますます顕著になっている。二〇〇三年にモンゴル国において出版された五巻本の『モンゴル国史』と、二〇〇四年に遼寧民族出版社からモンゴル語とシナ語の双方で出版された、マンサン氏の『モンゴル族通史』（モンゴル語六巻、漢語四巻）は、このような歴史観で書かれたものである。

匈奴の痕跡は長城の向こう、中国の陝西省にものこされている。匈奴と勇猛果敢に戦っていたシナの蒙恬（もうてん）と扶蘇（ふそ）の墓は陝西省綏徳県にある。蒙恬は秦の武将で、扶蘇は秦の始皇帝の長男である。

オルドスが対シナの最前線として機能していたのは、紀元前二〇九年まで単于すなわち君主に頭曼（トゥメン）が、そしてその後紀元前二〇九年から紀元前一七四年まで頭曼の長男の冒頓（ぼくとつ）が在位していた時代であった。「トゥメン」はテュルク語とモンゴル語で「万」を意味し、「ボクトツ」は「英雄」（バートル）ないしは「神聖」（ボグト）を意味するとの見解がある（沢田勲『匈奴―古代遊牧国家の興亡』）。

頭曼は我が子冒頓に暗殺される、という興味深いエピソードがある。そうまでして冒頓は権力をにぎりたかったのである。かれは親衛隊に、自らが鏑矢（かぶらや）で指したなら、躊躇なくそこを目がけて矢をはなつようにと訓練していた。

あるとき冒頓は、鏑矢で愛馬を指した。親衛隊員は矢をはなったが、なかにはそうしない者もいた。遊牧民は馬を重んじる。そのため、いくら指示とはいえ、指導者の愛馬に弓矢をむけることが一部の者にはできなかったのである。すると冒頓は命にしたがわなかったとして、それらの親衛隊員の首を切りおとした。

またあるとき冒頓は、鏑矢で愛妻を指した。このときも矢をはなった者とはなたなかった者とがいた。弓をひかなかった者は斬首(ざんしゅ)された。

そしていよいよ、冒頓は父である頭曼を鏑矢で指した。このときは誰ひとりとして躊躇することなく、頭曼目がけて矢をあびせた。

冒頓が単于(ぜんう)(統率者・君主)となっても、秦との攻防は一進一退がつづき、匈奴は長く万里の長城の北側で活動をしていた。その結果として、すぐれた文化が遺物としてのこっている。その遺物を研究したことで世界的にしられたのが江上波夫氏だ。その研究成果はかれの著書『ユウラシア古代北方文化―匈奴文化論考』にまとめられている。江上氏によると、紀元前五世紀から紀元三世紀にかけて、東はモンゴル高原から西はドナウ河にかけて、一種の共通した文化があったという。江上氏はそれを「スキタイ・シベリア・オルドス式青銅器文化」とよんでいる。

## 二　スキタイは東から西を目指した

### ヘロドトス『歴史』の記録

第二章で「ミヌシンスク文化」についてふれたが、その後に勃興するのが「スキタイ文化」である。

匈奴に先立つスキタイの時代の遺跡としては、ロシア連邦トゥバ共和国のアルジャン古墳が有名だ（写真5）。直径が一二〇メートルで、石積の高さは四メートルに達するこの古墳からは、三〇〇頭もの馬が生贄としてささげられた痕跡がみつかっている。この生贄が埋葬や供養の儀礼に参加した人によって食べられたものと解釈するな

写真5　ロシア連邦トゥバ共和国にあるアルジャン古墳の発掘跡。

らば、そこには一万人ほどの人間があつまっていたことになる（藤川繁彦編『中央ユーラシアの考古学』）。強大な権力のもとで、かなり大がかりな儀式が挙行されていたのだろう。

アルジャン古墳では、鹿石の破片もみつかっている。鹿石を建築素材としてつかった名残である。このことから、アルジャン古墳は鹿石がたてられた時代よりもあとのものといえよう。ユーラシア考古学者の高浜秀氏は、藤川繁彦氏が編集した『中央ユーラシアの考古学』のなかで、アルジャン古墳の鹿石にほりこまれた鹿の紋様は「初期スキタイ・シベリア動物様式」だと分類し、古墳が築造された時期の前に、スキト・シベリア動物紋様はすでに成立していた、と指摘する。そして、「スキタイ文化に代表される初期遊牧民文化は黒海沿岸よりも早く南シベリアで成立し、その後、黒海沿岸を含む各地へ波及した」と論じている。

アルジャン古墳からは、さまざまな文物がみつかっているが、そのうちのひとつに紀元前九世紀から紀元前八世紀のオルドス式青銅器がある。動物が円をえがくように体をまげた様子が再現されている。これとよく似たものが、黒海北岸のクリミアからもみつかっている。これは紀元前六世紀後半のものだが、やはり動物が体をまるめている。両者の類似性は、東はモンゴル高原から西は黒海沿岸まで、ひとしく均質的に、短剣といった武器類、馬車と馬具類にもみられる。考古学的出土品の類似性と、それらがつくられ、つかわれていた時代のちがいは、匈奴登場以前の遊牧民すなわちスキタイ文化が、南シベリアで成立し、その後、西へ伝播していったことをしめす。じっさい、古代ローマの歴史家ヘロドトスはその著書『歴史』のなかで、「スキタイは東方から出現した」としるしている。スキタイも東方から西をめざした。その後登場する匈奴も、それからのちの章でふれるテュルク（突厥）も、東から西をめざしている。

写真6　エルミタージュ美術館内にある、パジリク5号墳出土馬車。

スキタイの遺物を現在、もっともおおく収蔵しているのは、ロシアのエルミタージュ美術館である。エルミタージュ美術館は一五世紀から二〇世紀の西洋絵画でしられるが、じつはその片隅に黒海・スキタイ遊牧民コレクションのコーナーがひっそりともうけられている。ロシアが帝国時代にユーラシア各地で考古学的調査をおこなった際に収集したものが収蔵されているのである。おおぜいの観光客たちが西洋絵画のコーナーに結集するが、私は静寂な「シベリア・黒海コレクション」の展示場で遊牧文明の文物をみるのが好きである。

シベリア南部、アルタイ山脈の北部にあるパジリク古墳は一号古墳から五号古墳まであり、そこから出土したさまざまなものもエルミタージュ美術館にある。

その代表例は馬車である（写真6）。まえの章でのべ

写真7　パジリク古墳出土フェルトのアップリケ。

たように、馬車が東方のシナへつたわったのはかなり遅くなってからである。しかしシベリアでは相当早い段階で西方から草原ルートで馬車がつたわっていた。車輪と車軸には、青銅器がつかわれていることがおおい。

パジリク古墳からの出土品では、幾何学模様の刺し子のほどこされたフェルトのアップリケも象徴的だ。南シベリアの遊牧民がつかっていたものだが、これは明らかに西のペルシャ絨毯の影響をうけている（写真7）。ペルシャとの文化交流がさかんにおこなわれていたことの証左といえよう。

写真８　パジリク２号墳出土鞍覆い。

パジリク古墳二号墳から出土した別の鞍覆いのフェルトの断片には、グリフィンが羊に襲いかかっている様が刺繍されている（写真8）。グリフィンは、上半身が鷲、下半身がライオンの神話上の動物で、エジプトからシリアにかけてのオリエントが発祥の地である。パジリク古墳は、オリエント発祥のグリフィンがみとめられるもっとも東の古墳だとされている。考古学者の林俊雄氏は、「これはギリシア・クラシック期様式のグリフィンの特徴であり、アケメネス朝様式には全くみられない特徴である」と分析している（林俊雄『グリフィンの飛翔』）。

紀元前四五〇年から紀元前四二六年までのパジリク二号古墳からはまた、男女二体の遺体も出土している。パジリクは永久凍土層に位置するため、埋葬された遺体は冷凍された状態で発掘される。この古墳からは人骨も出土している。興味深いのは、モンゴロイド（黄色人種）もコーカソイド（白色人種）も区別なく出土することだ。この時代、モンゴロイドであるかコーカソイドであるかにかかわらず、遊牧の民は同じ文化をになっていた。人種、容貌やことばがことなっていても、人びとは共通する価値観でむすばれていた。スキタイの価値観をもっていれば、その人はスキタイなのである。この考え方は、先スキタイ文化の時代がおわってから、匈奴時代がやってきてもかわらない。

写真9　パジリク2号墳出土男性ミイラの刺青部分。

パジリク古墳でみつかり、エルミタージュ美術館に展示されているミイラ（男性遺体）の上腕部には、刺青がある（写真9）。考古学者の林俊雄氏はその刺青をグリフィンだと解釈している。しかも、アケメネス朝ペルシャの特徴と、ギリシア風の紋様が混交しあったグリフィンであるという。

これらの出土文物の特徴から林氏は、パジリクの年代を紀元前四世紀とするならば「ギリシア的要素はペルシャを通らずに、黒海北岸から直接草原地帯を通ってアルタイまできたと考える」とも指摘している(『興亡の世界史02スキタイと匈奴 遊牧の文明』)。

この時代、「オルドス・スキタイ・シベリア式青銅器」が広い範囲につたわっていたことはすでにのべたが、グリフィンの意匠もまた、同じである。やはりスキタイ時代には、ユーラシア草原の東から西まで、遊牧民が考案し、改良をかさねた短剣のような武器類と馬車具類、そして動物紋様の芸術品など、きわめて均質性の高い、高度な文化が発達していたのである(江上波夫『ユウラシア古代北方文化』)。

このような壮大なユーラシア規模の背景のもとで、つぎに登場するのが匈奴であり、匈奴は長く、古代シナとかかわっていくことになる。

匈奴がのこした遺跡のひとつに、ノイン・ウーラ古墳群がある。モンゴル高原北部、首都ウランバートルの北にある、シベリアにちかい森林のなかに位置している。匈奴は草原の民でもあるが、森林の民でもあった(写真10)。まさに遊牧民は北ユーラシア全体に存在していたのである。「ノイン」は「殿」、「ウーラ」は「山」の意味。「殿様の山」とよぶくらいだから、モンゴルの人びとは、発掘以前から、森のなかに神聖な人物を埋葬した古墳がある事実をしっていた。

この古墳からは、匈奴がつかっていた文物が多数みつかっている。たとえばグリフィンが施されたフェルトである(写真11)。また、漆耳杯(しつじはい)もいっしょにみつかっており、しかもその杯

写真10　シベリア南部、モンゴル国北部に位置するノイン・ウーラ近辺の風景。ブリヤート・モンゴル人が神聖視する「黄金の柱」こと北極星を現した柱群が立つ。

写真11　匈奴のノイン・ウーラ古墳出土のフェルト。
出典:江上波夫『ユウラシア古代北方文化』

写真12 ブリヤート共和国南部のジダ河遺跡。私は1997年8月12日にこの遺跡に立った。

の底部側面に「建平五年」にはじまる銘文がある。これは漢の年号で紀元前二年にあたる。ゆえにこの古墳は、匈奴の烏珠留若鞮単于（うしゅるじゃくたいぜんう）が亡くなったあと、紀元十三年頃に造営されたものだとみられている（沢田勲『匈奴』）。匈奴の単于は漢の漆耳杯とペルシャの紋様の双方を愛していたのだろう。

## 匈奴とフンは同源・同族か

シベリアのブリヤート共和国の南部にあるジダ河遺跡からも、匈奴の遺品はみつかっている。ここからは、人骨も発見されている（写真12）。匈奴は、いったいどんな顔をしていたのだろうか。

エルミタージュ美術館に収蔵されている「シベリア・黒海出土」のマスクをみてほしい。顎

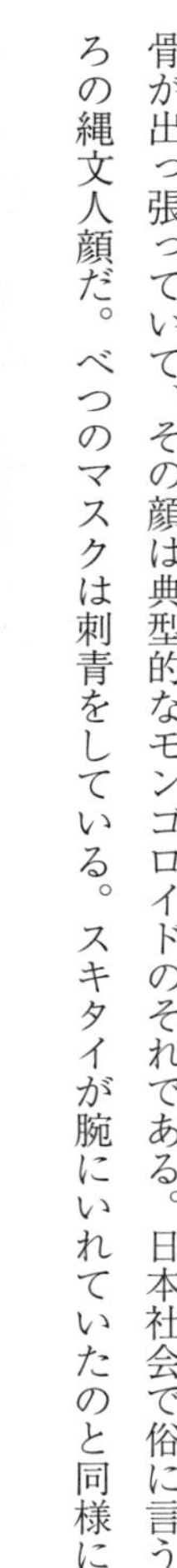
骨が出っ張っていて、その顔は典型的なモンゴロイドのそれである。日本社会で俗に言うところの縄文人顔だ。べつのマスクは刺青をしている。スキタイが腕にいれていたのと同様に、匈

写真13、14　エルミタージュに展示されているシベリア南部出土マスク。匈奴やその先人もこのような顔だったか。

奴も顔に刺青をほどこしていた可能性がある（写真13、14）。

匈奴は短剣もおおくのこした。匈奴の時代の短剣からは宗教的な意味をよみとることができる。黒海近辺からも、日本の琵琶湖のちかくからも、「オルドス式青銅器」の短剣はみつかっている。では、その短剣はなんのためのものだったのか。

江上波夫氏らの研究では、匈奴の短剣は宗教的な儀式につかわれていたことがわかっている。その用途は、スキタイにおける短剣のつかわれ方と同じである、と江上氏は論じている（江上波夫「径路刀と師比」『ユウラシア古代北方文化』）。

江上氏が注目するのは、ヘロドトスの記録だ（『歴史』）。ヘロドトスによると、スキタイはアキナケスという短剣をつかっていた。その短剣は軍神アレスの象徴でもあり、薪をつみあげた台上に奉られ、処刑した捕虜が供犠としてささげられていた。

古代シナの漢文記録では、匈奴がつかっていた短剣は径路刀とよばれていた。径路刀は奉られる神聖な対象であり、その姿形は、さきの江上氏の分析では、スキタイのアキナケスに酷似しているという。

径路刀が奉られていた証拠は、いまもモンゴル高原に存在する、と江上氏は主張していた。モンゴル高原のなかでも高地の部分にはいくつも、オボーとよばれる薪や石をつみあげた塚があり、そこに径路刀がささげられていたのではないか、と江上氏は推察する。オボーとは、モンゴル人が古くから崇めてきた聖地をさす。人類学的にみると、確かに武器類を奉納したオボーもあれば、単に石積塚となっているものもある（写真15、16）。

　匈奴はまたさまざまな儀礼をおこなっていたという記録も、シナの『史記』や『前漢書』の「匈奴伝」にある。すなわち「五月に龍城に大会し、其の先天地鬼神を祭る。秋に馬肥ゆる時に

写真15　武器を祭ったオボー。新疆ウイグル自治区天山南麓に立つ。

写真16　モンゴル国東部の聖地オボー。

写真17　軍神スゥルデを飾ったモンゴル人の聖地オボー。南モンゴルのオルドス高原西部、オトク旗政府所在地の近くに建つこのオボーは古くから地元の貴族らを中心に祭られてきた。匈奴の龍城も、スキタイの軍神も、モンゴルのオボーと同じだった可能性がある。いいかえれば、モンゴル人はユーラシアの遊牧民の伝統を維持しているのである。

は蹛林（たいりん）に大会し人畜の計を課校す」という。

「蹛林」とは「塚」のことであり、「計を課校す」とは「数を数えて課税する」という意味だ。たしかに「蹛林」や「龍城」における匈奴の公共的祭祀は後世のモンゴル人が開催する「オボー祭祀」に共通する文化的要素がみとめられる（写真17）。江上氏はさらに先述の書で、この蹛林を、スキタイにおける軍神アレスを奉った塚であるとし、「匈奴とフンは同源である」との結論にむすびつけようとしている。

　江上氏はまた古代シナの記録『魏書』等と西方の文献を考古学的な出土品とあわせて駆使し、紀元前四世紀から紀元一世紀にかけて活躍した匈奴が、西へ西へと移動、紀元五世紀頃になると、アラル海、カスピ海あたりに出現していたと考えている。そしてアラン人を征服し、五世紀になるとフン族としてアッティラに率いられてパンノニア平野にあらわれ、ヨーロッパを疾駆することになるというのだ。これは歴史のロマンを超越した学説だが、考古学的に双方での出土品が均質であることは、それがファンタジーではない証拠ともいえるだろう。

この同源・同族説に対しては、主にヨーロッパ側で否定する意見がおおく聞かれた時期がある。だが、今日の考古学の世界では、匈奴・フン同源・同族説が主流となりつつある。

すなわち同じ文化の西の端では、北匈奴は三五〇年頃にアラン王を殺害してその国を奪い、四五三年にアッティラが死してフン帝国は瓦解する。東の端では紀元五世紀に、赫連勃勃が大夏をつくり五胡十六国の一翼を担う。時代の差こそあれ、匈奴は帝国と文化を創造し、広大なユーラシア大陸全域に子孫をのこしてきたのである。

江上氏が匈奴・フン同族説の根拠としている出土品は鍑である。これは儀式用の釜と考えられており、東はオルドスやミヌシンスクから、西はハンガリーにかけて広く分布している（写真18）。江上氏説の薫陶をうけた林俊雄氏は論文「フン型鍑」で以下のように述べている。

フン型鍑の発展・伝播の状況は、まさしく匈奴の一部が西方へ移動して、フンという名で知られるようになり、北カフカス、黒海沿岸、ドナウ河流域で活動したことを示しているといえるのではないだろうか。後1〜2世紀頃モンゴル高原にいた匈奴の一部が、2〜3世紀に中央アジア北部に移動し、しばらくそこに留まっていた。勢力を蓄えていたのかもしれないし、また現地の遊牧民との融合も進んだかもしれない。そして4世紀後半に強大となったその勢力は、一気に草原地帯を西に進んだという構図が描けるのではないだろうか。

写真18 新疆ウイグル自治区アルタイ地域出土の鍑。

この見解も、やはり『魏書』が裏付けている側面がある。いまや、かつてはいくつかある説のひとつであった匈奴・フン同源・同族説は出土品の増加と文献の再解釈から、有力なものになってきている。

匈奴は、紀元前三一八年にシナの歴史にはじめて登場し、西では紀元後四五三年のフン帝国崩壊が記録されている。オルドスの地で、赫連勃勃が大夏を建国したのは四〇七年。匈奴はじつに六百年以上、ユーラシアの東と西で、均質な文化と文明を醸成するおおきな役割をになっていたのである。

この間の六百年間のシナをみてみると、頻繁に王朝が交代している。皇帝の名字がかわることを易姓革命（古代シナにおいて、孟子らの儒教思想にもとづく、五行思想などから王朝の交代を説明した理論）とよぶが、その連続なのである。

ともすれば日本人は、この六百年間の中国の元号を暗記することばかりに夢中になり、そのちかくで六百年間もつづいた遊牧文化と遊牧文明に無関心ではなかっただろうか。文化や文明に優劣はないが、あまりにも万里の長城の南側ばかりを偏重してユーラシア大陸を理解しようとしてこなかったのではないか。

万里の長城の南側、すなわちシナの記録によれば、匈奴は野蛮人であり、「シナの北方の少数民族のひとつ」であるとされてきた。

しかし、匈奴は古代シナの少数民族ではない。なぜならば、古代シナの北部だけに存在していた民族ではなく、遥か西方の黒海方面やローマ帝国方面へも大きな影響をおよぼしていた世界的な民族だ。モンゴル国の国立歴史民族博物館の展示をみれば一目瞭然だが、モンゴル人は匈奴を自らの祖先だとみなしている。これは国家史観であると同時に、民族の共通した認識でもある。いまもモンゴル高原で馬を駆る遊牧民も、匈奴を自らの祖先だと理解している。そして、匈奴もモンゴルも、シナ人とはおよそ血縁的にも文化的にも無関係だ、との思想を有している。

# 三　匈奴の時代のシナ

## ことなる女性観と宗教観

匈奴とシナの価値観のちがいは、女性を巡る逸話からもよくわかる。

漢の皇帝劉邦が死んだあと、未亡人である呂太后がしばらく実権をにぎっていた。そこへ冒頓単于は手紙をだす。冒頓単于は独身であり呂太后もまた独身にもどったのでよしみを契らないかと提案したのである。呂太后は激怒し、匈奴へ軍を遣わそうとしたそうだ。しかし、冒頓単于の振る舞いは、遊牧民としては当然のことであり、「女性に出会えば、口説かないと失礼にあたる」との文化のあらわれである。

一方、漢の皇帝はその後「長恨歌」に詠まれたような後宮佳麗三千人の体制をととのえた。後宮という閉鎖空間に仕える女性はすべて自分の妻としたのである。しかし、三千人はあまりにもおおすぎる。そこで画家に三千人の肖像画をえがかせ、美しい女性から逢っていくことにした。女性陣のなかには実物以上に美しくえがいてもらおうと画家に賄賂を贈る者もおおかっ

写真19　内モンゴル自治区にある漢の美女、王昭君のレリーフ。琵琶をもち、悲しみながらモンゴル高原に向った、と中国の文人たちは夢想するが、実際の彼女は匈奴の世界で幸せにくらしたと思われる。

たが、三〇〇〇人の内の一人である王昭君は歯牙にもかけなかった。なぜなら王昭君は絶世の美女だったからである（写真19）。しかし賄賂をもらえなかった画家はわざと王昭君を不美人にかき、漢の皇帝が王昭君に声をかけることはなかった。

この時代、漢にとって匈奴は存亡にかかわる大変な脅威であり、漢の皇帝は貢ぎ物をすることで休戦状態にもちこもうとしていた。貢ぎ物はお茶と絹、そして女性である。漢の皇帝は美女をささげたくはないから、不美人をえらぼうと、画集をみて王昭君を貢ぎ物とすることにきめる。

当時の匈奴の君主である単于が漢へ王昭君をむかえに来たとき、漢の皇帝は王昭君の顔をはじめてみて後悔したという。そして、単于と王昭君が立ちさったあと、画家を斬首した。漢の皇帝が地団駄をふむほどに、王昭君は美しかったのだ、という物語である。

ここから先は私の想像だが、王昭君は単于に嫁いで喜んでいたのではないかと思う。匈奴も漢と同様に、当時一夫多妻の社会ではあったが、妻たちが後宮のような場にとじこめられることはなかった。妻たちは草原でそれぞれ天幕式の宮殿を所有しており、単于は後世のモンゴルの大ハーンのように、妻の許可をえてから、その天幕を訪れるということになっていた。妻の側は、気が向かなければ来訪をことわっていいのである。王昭君は匈奴の地で生涯をおえた。彼女の墓とされる古墳は南モンゴルに二つある。内モンゴル自治区首府フフホト市近郊にひとつと、私のふるさとオルドスの東部、ダラト旗領内にひとつある。墓が複数あるということは、遊牧民たちもまた匈奴人となった王昭君を愛していたからであろう。

王昭君の墓とされる古墳はどちらも青塚と称されている。沢田勲はそのような名称について、つぎのように分析している（沢田勲『匈奴』）。

　この名称は、昭君死後、彼女の墓より生えてきた草は匈奴の地に生える白い草ではなく、漢の地に生える青い草であったとする『琴操』の伝承に由来している。

『琴操』は、後漢末の読書人が書いた、「悲怨の書」で、中国人の女性を「野蛮な匈奴」に嫁がせたことを恨んだ典籍である。シナ人は匈奴のモンゴルリアを白い草の生える、不毛の地とえがいているが、これは視覚による誤解と中傷だ。青い草でも風にふかれると、なびいてその白い裏面がめだつようになる。白くみえる草原でも荒漠ではない。

シナ人にとって、自民族の女性を強大な他民族に供出するのは屈辱の歴史だっただろう。しかし今日では、王昭君を匈奴に嫁がせていたので、「匈奴も古くからわが国の北方少数民族で、モンゴル高原もわが国の領土だ」と弁じている。これに対し、「歴史上、他民族と結婚した中国人女性は、領土主張の武器となっている」、と文化人類学者で、ケンブリッジ大学教授のボラク氏は喝破している(Uradyn E. Bulag *The Mongols at the China's Edge*)。漢王朝対匈奴だけでなく、唐の文成公主がチベットの王に嫁いだことをもちだして、「チベットは古くからシナの領土だった」と中国人は妄想している。そのチベットの王は同時にネパールからも妃を迎えていた事実を中国人は無視している。

匈奴とシナは精神世界が根本的にちがう。では、匈奴が西方の遊牧民と同じ価値観をもち、均質の文化を構築していたとき、匈奴と対峙していたシナはどのような価値観をもっていたのか。

## 匈奴時代のシナ道教

写真20　中国北部陝西省の道観内の壁画。八百万の神々が立ち並ぶ。

このころのシナでは道教が隆興していた。宗教学者のなかには、道教は宗教ではないとする人もいるが、宗教民俗学者の窪徳忠氏（東大名誉教授）のように道教は宗教であり、それは中国起源の唯一の宗教であるとする人もいる（窪徳忠『中国宗教における受容・変容・行容　道教を軸として』）。

道教とは、「アニミズム」と「神仙思想」に「八百万の神信仰」をとり入れた宗教だ（写真20）。それを信奉すると「不老不死」がかなうとされ、非常に呪術的な要素がつよい。

窪徳忠氏によると、道教には「哲学的な道士の道教」と、「実践的な民衆の道教」とがある。道士がいう道教とは、教学（宇宙の生成）と方術（占い・呪い）、医術（錬丹・長寿）、倫理（戒律・祈祷）からなるものだ。

道士道教とくらべると民衆道教は非常に原始的だ。悪鬼や悪霊を退治した人が神になると考えられている。民衆道教の神は、権力者に殺害されたどこのだれであるか、姑にいじめられて自死したどこの家の嫁であるとか、きわめて具体的である。

民衆道教にはいくつかの道派があり、それぞれの道派に教祖がいる。その教祖が奉られているのが祖師廟で、中国のあちこちにみうけられる（写真21）。私のふるさと、オルドス高原の南、万里の長城のすぐ北側に存在するある祖師廟は神農氏を奉っている。神農氏は薬王または炎帝ともいわれる。その像が植物を口にしているのは、神農氏が生前に薬草や蠟燭に加工できる植物をみわけていたという伝説があるからだ（写真22）。

写真21　内モンゴル自治区オルドス高原の最南端に立つ中国人の祖師廟。中国人は入植先に必ずといっていいほど祖師廟を建設する。

中国や中華民国台湾では道教の寺は道観とよばれる。龍をかたどった像がおおく設置されるのは、それが超自然的な水の守り神だからだ（写真23）。媽祖（まそ）も道教でよく奉られている。媽祖は航海安全の女神で、もともとは十世紀後半の福建省の林氏の巫女である。あるとき巫女が昏睡状態におちいり、母親に揺すりおこされた。すると巫女はちょうどお祈りをしていたとこ

写真22　中国人の祖師廟内の神農氏像。

写真23　台湾の天后宮。天后とは媽祖のことである。寺院の上には龍が飛翔する。

ろだという。なにを祈っていたかというと、父親と兄がのっている船が難破したため、救いだそうとしていたというのだ。父親はたすけることができたが、母親が邪魔をしたため、兄はたすけられなかったという。

はたしてそれは本当のこととなった。船が港にもどってくると、父親は無事であったが兄は亡くなっていたからだ。このような林氏から出自をもつ媽祖であるが、モンゴル人の元朝には皇帝より「天妃」に、満洲人の清朝時代にはまた「天后」にそれぞれ封号を下賜されて（写真24）、格式が一段とあがっている（窪徳忠『道教の神々』）。具体性にとみ、民間信仰の性質をおびた道教の神を政治化したのである。

道教の八百万神には観音菩薩もいる（写真25）。観音菩薩といえば仏教だが、道教は仏教の神をうけいれているのである。

なぜ道教がこの時代のシナで生まれ、そして普及したのか。

道教が生まれた時代、シナではすでに人びとが専制政治への不信感をもっていた。王朝はめまぐるしく何度もかわり、そのせいで生活が不安定でもある。それはなぜなのか。その原因を人びとは悪鬼や悪霊にもとめ、そういったものを退治した人が神になった。悪を鎮めた者が神になるというわけだ。

写真24　台湾の天后宮内の媽祖。

写真25　道教の神となった観音菩薩。台湾の首都、台北市内の宗教的風景。

道教が教団として組織されるのは二世紀、匈奴が西を目指していた時期に相当する。華北で張角という人物が「太平道」という組織をたちあげたのだ。これは人口の過剰と困窮を背景に、都市貧民層で秘密結社としてひろがっていく。結社の構成員はたがいに宿や食料を提供しあうなど一致団結する。それぞれが構成員であることは、合いことばでたしかめていたとされている。張角は一八四年に構成員を軍として組織し政府に刃向かって「黄巾の乱」をおこすが、漢に制圧される。太平道とならんでよく知られている古い道教に「五斗米道（ごとべいどう）」がある。勃興したのはやはり二世紀で、場所はシナ南部の江蘇省のあたりである。

この時代、シナでは儒教の国教化もまたはじまっていた。ただし当時、儒教は漢文が読めるエリートのものでしかなかった。シナの庶民にとって、宗教といえば口伝の道教だったのである。

道教にある、人が死して神になるという考え方は、匈奴そしてスキタイにはほとんど、ない。匈奴はシャーマニズム的な信仰心をもっていた。同様の価値観、文化をもっていたスキタイについても同じであろう。

遊牧民社会は実力社会である。平等な社会といいかえることもできる。土地は個人所有されないので、不動産に立脚した富は生じず、したがって、極端な貧富の差は生じない。貧富そして貴賤の差がなく、あるのは実力の差だけである。実力とはいかに遠くまで行き、広く世のなかをみて知識をえたかできまる。富よりも知が重視されるのが遊牧民の社会だ。

むろん、その知によって遊牧民からも権力者は誕生した。しかしその権力者は、選挙によってえらばれる。単于やカガン（ハーン）には特定の家系からの世襲がおおいようにみえるが、先述した実父を殺害した冒頓ですら、選挙をへて単于の地位についている。

それに対してシナでは、道教誕生の背景にあるように、ピラミッド型の権力が存在する。そしてそれを不服と思うがわに秘密結社的な宗教団体が生まれ、地下に抵抗の根をおろしていく。

宗教学者は、シナの価値観は此岸的であると指摘している。この世、いいかえれば今日の自分のために生きていて、あの世、将来、他人のためには生きてはいない（岸本英夫編『世界の宗教』）。

不老不死は自分自身のためであり、現世での富をおいもとめひとたび富が手にはいれば、それを独占しようとする。匈奴がシナやペルシャを攻めてえた戦利品は平等に分配するのとは対照的だ。

## 法輪功と道教の類似性

道教の精神は現代中国にも染みついている。

中国の一般家庭では、旧正月になると家のなかにポスターをはることがおおい。そこには福禄寿（ふくろくじゅ）の絵が描かれている。福禄寿は不老不死の象徴だ。さらには人民元もえがかれている。そこにあるのは「財源廣進」という、現世で金銭的に豊かになろうという考えである。

法輪功は、江沢民総書記の時代に登場した「道教」だ。気功で体をきたえて、めざすのは不老不死である。その勃興の背景にあるのは医療福祉制度の不備と貧富の差だ。江沢民が実権をにぎっていた時代の中国は、万人平等という幻想の社会主義経済がほぼ崩壊しており、庶民は病院へ行こうにもゆけない状態になっていた。しかたがないので、健康を維持するために自助努力をはじめる。それが気功流健康維持法だったのである。

法輪功はそう説いて、現代中国の秘密結社的存在になった。二世紀に太平道や五斗米道が生まれたのと同じ理由で法輪功は生まれ民衆間の支持をすこしずつ拡大しながら、それゆえに、同じ理由でときの権力者から弾圧されているのである。

しかし中国の指導者は、部分的には道教を脳裏にひそめている。自分自身のためになら、道教にすがるのだ。李志綏氏が『毛沢東の私生活』でしるしたように、共産主義者の毛沢東は、少女と性行為をすれば不老不死になるという道教のいいつたえをかたく信じ、かつそれを実践した。その毛沢東が庶民に「毛沢東万歳」とさけばせたのは、個人崇拝そのものだ（写真26）。その毛沢東は死後も神格化され、「毛沢東記念堂」という共産主義風の寺院にまつられつづけている。これも現代中国独特の特徴というわけではない。古くは秦の始皇帝も、不老長寿の薬を手にいれて、神になろうとしていた行為に通ずる思想のあらわれであろう。

中国では、指導者は自分たち個人の幸福のために道教を利用するが、道教にすがるいっぽんの人びとの不満を解決しようとはしない。政教一致は基本的に成立しない。一方で、三大宗教（仏教、キリスト教、イスラーム）はことごとく政教一致を経験している。とりわけ古代ヨーロッパでは、政治と宗教がともに、庶民の心と経済の問題を解決しようとしてきた。そして近代以降は政教を分離したのである。しかし中国も中国人も、宗教によって庶民の現世の苦難と来世のしあわせを解決しようとはしなかったのである。

写真26　道教風の八百万の神々のように描かれた中国の指導者たち。毛沢東からはじまり、鄧小平と江沢民、胡錦濤をへて、いまの習近平にいたる人物たちが神格化されている。そして、天安門は神殿となっている。

# 第四章　唐は「漢民族」の国家ではなかった

8世紀頃

# 一　中央ユーラシアのテュルク化

## テュルク帝国と唐の歴史的関係

六世紀から十世紀にかけて、中央ユーラシアは、東の草原部から「テュルク（トルコ）化」し、西のアラビア世界から「イスラーム化」した。歴史学者の梅村坦氏はつぎのように解説している（梅村坦『内陸アジア史の展開』）。

内陸アジアのトルコ化とは、第一義的にいえば、トルコ系文化の要素、とりわけ言語が拡大したことである。草原であれば、牧地をすでに確保していた人びとに、オアシスや都市であれば先住者のあいだに、トルコ語が浸透してやがて優位に立ち、さらに人の移動がともない、長期間にわたる混血の結果、しばしば身体的特徴にも変化があらわれる。

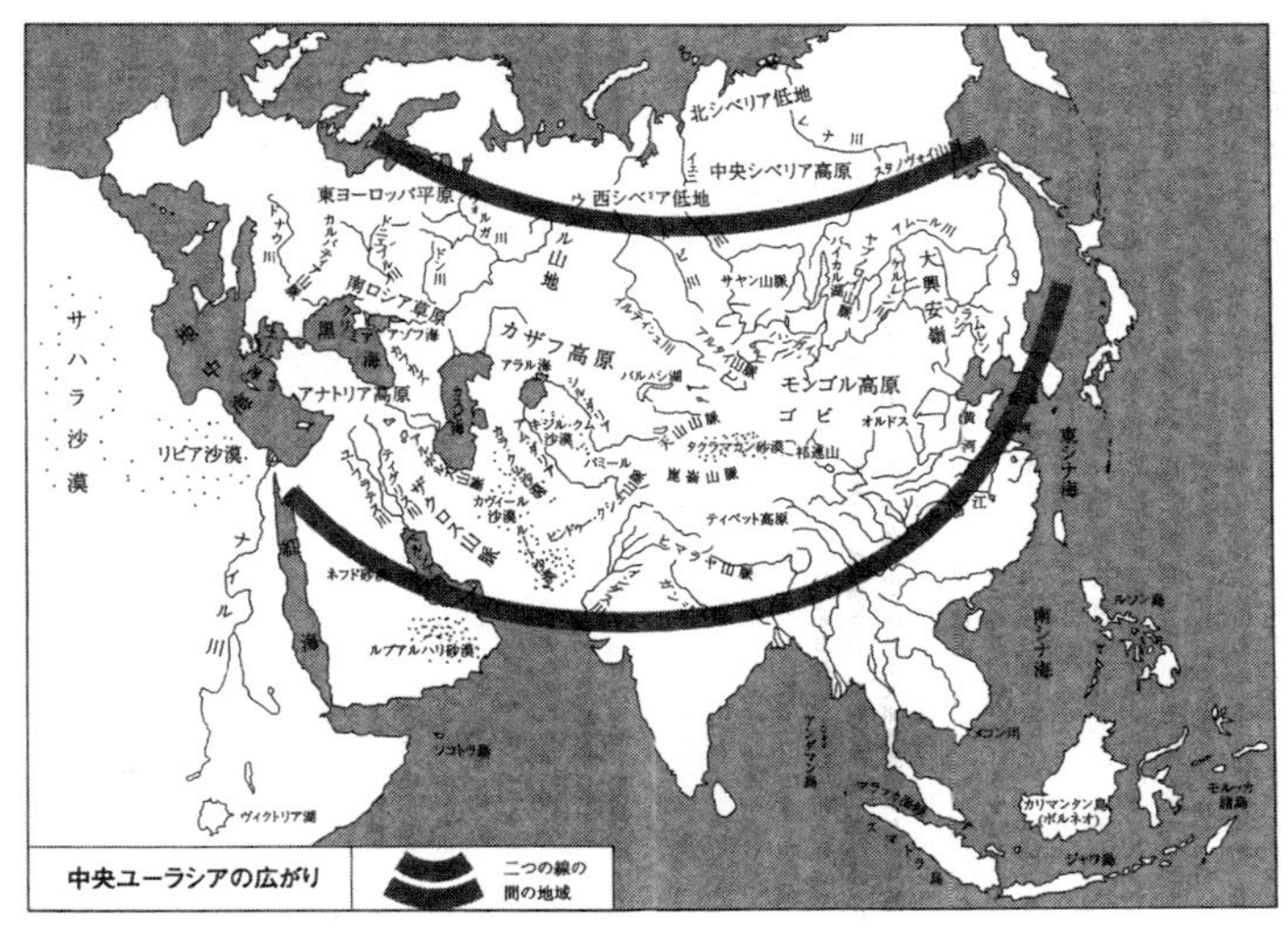


地図1　中央ユーラシアの広がり。出典:杉山正明『遊牧民から見た世界史』

みぎでいう「内陸アジア」とは、本書がもちいる「中央ユーラシア」とかさなる。「テュルク化」とは言語の面でテュルク語、つまりトルコ系言語を話すように変化することであり、「イスラーム化」とはイスラームを信奉するようになることだ。このふたつのおおきな波濤は、ほぼ同時期に広大な草原とオアシスを席巻した、とみる研究者がいる（地図1）。

私のふるさとオルドスには、この時期の名残もある。この地域は日本列島とことなって地震もないので、はてしなくひろがる草原のなかに、版築による城門の跡が今ものこっている。版築とは、土を建材にもちい、つよくつきかためる工法で、堅固な土壁や建物の

写真１　宥州古城。

基礎部分を徐々に高く構築する建築法である。たとえば、私の家のちかくにある宥州の城址も版築でたてられた都市であった（写真１）。

宥州は、唐が置いた「六胡州」のひとつだ。唐は中央ユーラシアのソグディアナあたりからうつりすんだ人びとを、六つの州にわけてすまわせていた。前の章で少しのべたが、その六つの州を「六胡州」とよぶ。六胡州の「胡」「胡人」は、唐の西（「西域」）、中央ユーラシアからうつりすんだ人びとのことをさし、「六州胡」ともよばれた。六州の設置は六七九年からはじまり、最初は魯州と麗州、含州、塞州、依州、契州などからなっていたが、七三八年に宥州を新たにもうけた（森部豊「八世紀半ば〜十世紀の北中国政治史とソグド人」）。州の数は時代とともに変遷したものの、六州という名称は長くつかわれた。

私の少年時代の鮮やかな記憶の一頁は、宥州古城の断壁であそんでいたことである。モンゴル人は宥州古城をボロ・バラガスン、すなわち「褐色の廃城」とよぶ。南北に一望無尽の大草原のどまんなかに位置し、その東側を小さな河が南へとながれてシャラ・オソン・ゴール河に合流する。東と西には沙漠性草原がひろがり、その沙漠のなかにも小さな湖がいくつもあった。春の三月になると、渡り鳥が飛来し、しばらく滞在してから北のモンゴル高原にとんでいく。夏には、牛と羊、それに馬やラクダの群れが平原にみちてくる。霜が降りる秋になると、南へ向かう「人の字」形の雁の飛行隊が青空をかざる。

しかし、一九五九年から突然に入植してきた中国人農民が古城周辺を開墾して農地にかえてから、河は消失してしまった。地中の塩分が噴きでてまわりの草原もしだいに劣化してしまった。かくして、中国人が進出してくるところは、例外なく環境が破壊されていく。

## 胡人の胡州

話を歴史にもどそう。

唐は六胡州を羈縻（きび）支配下においていた。「羈縻」とは「馬の手綱（たづな）」の意味で、手綱はつけておくがそれを乱暴にふりまわすことはないというわりと柔軟な施政であった。現代中国共産党がチベットや南モンゴル、それにウイグルでおこなっている強権的な異民族支配体制よりも、だいぶゆるやかな支配のしかたである。要はそれぞれの部族長に唐朝風の官爵をあたえて、間接的に遊牧民をコントロールするという政策だ。

具体的にいうと、かれらはソグド人だ。ソグド人は、もともとはパミール高原の北西にあるアムダリヤ河とシルダリヤ河のデルタ地帯、それにソグディアナにすんでいた古代イラン系(ペルシャ系)の人びとである。その古代イラン系のソグド人は、八世紀半ばからモンゴル高原に移住をはじめていた歴史が、近年、森部豊氏など日本の歴史学者らによって解明されている。

さて、二〇〇九年七月五日に新疆ウイグル自治区の首府ウルムチで、中共政府への大規模な抗議運動が発生したことをご記憶の方もおおいと思う。シナ人(漢人)、すなわち中国人に襲撃されたウイグル族が蜂起しておこったこの事件は、世界の視線を、中国からの独立をめざすイスラーム系の民族にそそがせることとなった。なぜ、この地域を中国人の中共政府がいま支配しているのか。この問題から考えなければならない。

いうまでもなく、ウイグル人は、イスラームを信じるテュルク系の民族だ。シナ人とは似ても似つかぬ民族である。

現在、中央アジアにはおおくのテュルク系の人びとからなる国家群がある。カザフスタンとキルギスタン、ウズベキスタンとトルクメニスタン、アゼルバイジャン、それからトルコ共和国だ。かれらはみな、テュルク系の言語を話すが、近代的な国家をもたないのは、ウイグル人だけである。現存するテュルク系国家群のなかで、ほぼ同質のテュルク系のことばが話されているのには以下のような歴史的背景がある。

六世紀頃のテュルク―日本の漢文素養のある読書人層のあいだでは突厥(とっけつ)という呼び名の方が親しみがあるかも知れない―のふるさとでは、草原では遊牧が、雪解け水が湧きでるオアシス地帯では農耕がいとなまれていた。遊牧民はテュルク系、農耕民はインド・ヨーロッパ系の言語の話者であった。それぞれ話すことばはテュルク系とインド・ヨーロッパ系とことなるものの、たがいに依存する関係にあった。六世紀にテュルク帝国がモンゴル高原から中央アジアにおよぶ遊牧国家の大帝国を建設したが、その保護のもと、ソグド人はすでに積極的に東西交易に勤(いそ)しんだのである。

## 大地母神たるオテュケンの地

テュルクには、「オテュケンの地」から発祥したとする伝説がある。『北史・突厥伝』にも「可汗(かがん)恒に於都斤(オテュケン)山に処る」とあることから、日本の東洋史学者たちは昔からオテュケン山の具体的な場所を特定しようと一所懸命、努力してきた。

一九九一年冬のある日、私はふるさとオルドスで人類学的な調査をし、ある長老の家にとまった。深夜になり、その長老は「日本人研究者たちは、女性の秘部も知らぬか」、と冗談をいってきた。

「何の事？」

と私はびっくりしてその訳をたずねた。すると、長老は『内モンゴル社会科学』誌のモンゴル語版をとりだしてみせてくれた。草原の牧畜民が学術誌を愛読していたのである。そして、かれが読んでいた号には日本の東洋史界のある重鎮が書いた、「於都斤山(オテュケン)はいずこ」との論文の翻訳がのっていたのだ。

「オテュケン」とはモンゴル語で語源的には「女性の秘部」を意味し、また「大地母神、母なる大地」との意をもつ。モンゴル人民共和国がうんだ偉大な学者で、十数カ国語で研究成果を発表してきたリンチンが編集したシャーマニズムのテキストにも、頻繁に「大地母神オテュケン」や「神聖な母なる火オテュケン」を称賛した内容がある。「オテュケンなる母から生まれた人間」や「父なる天、母なるオテュケン」との表現があらわれる（Rintchen, *Matériaux Pour L'Étude du Chamanisme Mongol*。一八五頁の図1参照）。古代テュルクの民もまたシャーマニズムを信仰していた時代があるので、人間は「大地母神」から誕生したとの理念をいだいていたのだろう。

「フンヌー（匈奴）もテュルクも、モンゴルも、人間はみな、オテュケンから生まれるのではないか」

と長老は私に話した。残念ながら、人類学的な知識を東洋史研究に活用しなかった日本の大学者の努力と失敗を、草原の長老が不思議に思ってかたっていたことは、フィールドワークの楽しい記憶となっている。

テュルクの人たちが「オテュケンの地」と比喩的によんでいたところは、モンゴル高原中央部、ハンガイ山地あたりをさすのではないか、と近年の研究者たちは解釈している。ハンガイはモンゴル高原、いや、ユーラシア全体でもっとも豊かな地であるからだ。ユーラシアの東西をむすぶ「草原というおび」を、文明史のなかの「遊牧中原」と表現するほど、この地は重要であった（杉山正明『世界史上の遊牧文明』。小長谷有紀「地図でよむモンゴル」）。周知のように、中原とは古代シナにおける「中興の地」とされる場所で、「天下の中心」と位置づけるほど重要な地をさす。実際、ハンガイ山地とその周辺には匈奴の時代から歴世の遊牧民がその帝都をおいてきたのも事実である。

テュルクにはまた、自分たちの祖先はオオカミであるという伝説もある。モンゴル系の民族も、自分たちは蒼きオオカミの子孫だと考えているので、オオカミを祖先とする神話は両民族に共通しているといえよう。神話は人類の原初の思考の結果である（レヴィ＝ストロース『神話と意味』）。遊牧という同じなりわいをいとなみ、かつ共通した神話のもとで生まれたテュルクとモンゴルは同文同種の民族である。

「天たる父、母なるオテュケン」

との観念を共有するテュルク系の遊牧民もモンゴル系の遊牧民も、モンゴル高原の西部、中央ユーラシアの背骨である天山を神聖視する。「天山」は、テュルク語やモンゴル語で「Tengri Tau」や「Tengger Aghula」という。「Tengri」は「天」、「Tau」や「Aghula」は「山」の意味である。「天山」という中国語は、遊牧民のつかっていたことばを古代のシナ人がたんに直訳したものである。「天山」と聞くとするどい峰を想像するかも知れないが、そのほとんどは「高原」であり、内部に広々とした草原が展開している。

テュルク人のくらす地域へ、西方からイスラームがつたわってくる。最初にイスラーム化したのはオアシスにすむ農耕民であった。遊牧民は自由奔放な生活を愛するため、厳格な宗教的実践にはげむことにさほど熱心ではない。しかも移動していると、一日五回の礼拝は困難である。そのためか、イスラーム化は遊牧民の方がおそかった。

一方で、遊牧民の話すテュルク語は、中央ユーラシアを次第に席巻していく。ソグド人の話していた古代イラン系の言語、タクラマカン沙漠周辺のオアシス都市でくらしていた人びとの古代インド・ヨーロッパ系諸言語、東トルキスタンの東の端にあったシナ人の植民国家でつかわれていたシナ語をつぎつぎとテュルク語におきかえていくのである。このようなテュルク化は、冒頭で指摘したように、六世紀から十世紀にかけて完成していったとされている。

## 唐王朝は「漢民族」のものではない

その六世紀から十世紀にかけてのながれをいま一度整理してみよう。

五五二年、貴族アシナ氏を中心とするテュルクが、当時のモンゴル高原の覇者であったモンゴル系の柔然をたおし、テュルク（突厥）帝国をつくりあげている。これが「テュルク第一帝国」である。初代の君主はイルリグ・カガンである。「カガン」はのちに「ハーン」と訛り、「帝」という意味のことばだ。イルリグ・カガンは、東は渤海湾から西はカスピ海まで、大帝国をきずいた。その大帝国は五八三年に内紛によって、モンゴル高原を本拠地とする東テュルクと、中央アジアを本拠地とする西テュルクに東西分裂する。

そして七世紀半ばには、どちらも唐の支配下におかれた。先述の六胡州が私のふるさと、今日のオルドスで設置されたのもこのころだ。しかし、六八二年にふたたびテュルク系の人びとは、「胡」「胡人」、つまりソグド系の人びとと連盟し、テュルク王家のアシナ氏を擁して唐からの独立をみごとにはたし、いまのモンゴル高原から南モンゴルの陰山山脈にかけて祖国を再建する。これをテュルク第二帝国と称す。パミールの東に東トルキスタンの礎（いしずえ）がかためられる。この帝国再建には、「胡」「胡人」「ソグド人」のビジネスのネットワークからえられたユーラシア規模での豊富な情報がおおいに役立ったとされている。これとときを同じくして、西トルキスタンもゆるやかに勃興する（森安孝夫『シルクロードと唐帝国』）。「トルキスタン」とは、「テュルク人の国土」という意味だ。

ウランバートル近郊の、かつてはアジアに向けてのプロパガンダとしてのモスクワ放送の拠点でもあったソ連軍基地があったあたりには現在も、テュルク第二帝国時代の石碑をみることができる（写真2）。その碑は「トニュクク碑」とよばれるが、トニュククは、テュルク第二帝国再建の立役者である。かれは唐に羈縻されているあいだは、シナ風の阿史徳元珍と名のっていて、唐にちかいオルドスに監禁されていた人物だ。

トニュクク碑には、テュルク文字、現在はルーン文字ともよばれる文字がきざまれている。これは現段階で確認される、モンゴル高原最古の遊牧民の文字だろう。

写真2　ウランバートル近郊のトニュクク碑。

そこに書かれているのは、概ねトニュククがいかに勇敢に戦い、苦労して唐から独立し、テュルク帝国をたてなおしたかという内容だ。いわば、トニュクク自身が一人称で生涯の戦

写真３　ホショー・チャイダムに立つキョル・テギン碑。

功をかたった記功碑である。ユーラシアの草原部には英雄叙事詩の風土がある。民族の英雄たちが各地を奮戦し、国土をまもり、人民の編成に成功するという談義だ。トニュクク碑文は、そうした遊牧民文学の嚆矢ともいえよう。

テュルクの人びとが自らの歴史をきざみこんだモニュメントは、ウランバートルの西にあるホショー・チャイダムにもみることができる。ホショー・チャイダムとは、モンゴル語で「石碑のある草原」との意だ。文字どおり、ここにも古代テュルクの先駆者たちがのこした石碑がそそりたっている（写真3）。

## オテュケンの山よりいいところはない！

ホショー・チャイダムには、第二テュルク帝国の三代目君主ビルゲ・カガンの弟にあたる実力者キョル・テギンの墓があり、周囲に石碑がたてられている。この石碑にも、テュルク文字がきざまれている。その内容は、キョル・テギンからテュルクの民に遺された「警世のことば」が刻文されている。

「オテュケン山よりいいところは決してない」

ここでもやはりキョル・テギンは「母なる大地オテュケン」を称賛している。石碑がたつこのホショー・チャイダムの西をオルホン河が北へとながれる。その河の西に、古代ウイグル人の都市群とモンゴル帝国の首都、ハラ・ホリム（カラ・コルム）がある。いわば、ハンガイ山中の「遊牧中原」は具体的にはオルホン河流域の豊かな草原地帯だったのである。キョル・テギンが「永眠の地」としてえらび、かつ後裔に「警世の遺言」をのこす場所もまたオテュケンでなければならなかったのである。

タブガチの民はことば甘く、その絹は軟らかい。かれらは甘いことばと柔らかい絹で欺いて、遠方の民をちかくに来させようとする。近づいて住みついた後には、悪い智慧を働かす。甘いことばと柔らかい絹に欺かれて、おおくのテュルクの民は死んだ。

「タブガチ」とは、「拓跋(たくばつ)」をテュルク語で発音したものとされている。では「拓跋」とはなにかというと、もともとは遊牧民の「鮮卑」系集団内の一氏族だろう。鮮卑は紀元前三世紀から六世紀にかけて、シナ東北部からモンゴル高原にかけて活躍した遊牧騎馬民族である。五胡十六国時代、南北朝時代には南下してシナ北部に北魏などの王朝をたてた。

北魏では第五代献文帝まで国姓、すなわち鮮卑人本来の姓名であったが、しだいにシナ風の姓をなのるよう変質した。隋をおこした楊一族、唐を建立した李一族もともに「鮮卑」であり、拓跋もふくめてかれらの出自は遊牧民なのだが、当時のテュルクにとって、もはや拓跋は謀略に長(た)けたシナ人の代名詞であった。同じ遊牧民でありながらあっさりとシナ化した拓跋を信用しておらず、むしろ邪悪な存在とみなしているのである。

キョル・テギンのことばがきざまれた石碑の裏側には漢文が書かれている。その内容は、テュルク文字で書かれたテュルクの民へのメッセージとはまったく正反対の内容だ。テュルクと唐＝タブガチは仲良くしていくべきだといった、友好的なことばがならんでいる。

すこし余談になる。

内モンゴル自治区東部のフルンボイル市内の大興安嶺をゲゲーン河（根河）がながれている。このゲゲーン河の畔の断崖絶壁に「ガシューン・アグイ」という洞窟があり、中国語では「嘎仙洞」という。ガシューンとはモンゴル語で「苦い」、アグイは洞窟を指す（写真4）。「苦い

写真4　内モンゴル自治区東部、フルンボイル草原の奥、ゲゲーン河のほとりで発見された鮮卑人の遺跡、ガシューン・アグイ。「苦い水が湧き出る洞窟」との意。中国語の嘎仙洞の嘎仙はモンゴル語のガシューンの音から取ったもの。

泉がわいていた」と地元のモンゴル人たちは私にかたったことがある。このガシューン・アグイから中国の考古学者は一九八〇年に刻文を発見し、世界をおどろかせた。北魏の帝室が自らの源流を拓跋鮮卑にもとめていたことを明確にしるした内容だった（写真5）。

ユーラシア史家の杉山正明氏はつぎのように指摘する（杉山正明『疾駆する草原の征服者』）。いまや読書家のあいだでは常識となっているので、ここでひいておこう。

そもそも、唐は拓跋・北魏以来の系譜を引く。代国・北魏・東魏・西魏・北斉・北周・隋・唐は、すべて鮮卑・拓跋氏に属する一連の政権である。わたくしは、これを「拓跋国家」の名で一括して眺めた方が、よほど歴史の現実にあっていると考える。西方人は、これを「タブガチュ」と呼んだ。……（中略）ようするに、唐は非漢族出身の「中華王朝」であった。その源流たる拓跋氏は、既述の嘎仙洞に発源したとの「故事」をもつ。

テュルクも、唐をシナ人の王朝とはみなしておらず、嘎仙洞に源流を有する拓跋鮮卑人だと認識していた。唐の羈縻下、服属下にあったときも、テュルクは唐の皇帝をシナ風に「皇帝」とはよばず、草原のしきたりに則して「テンゲル・カガン」（天可汗）と称していた。鮮卑系の可汗であるのだから、呼称はカガン（可寒。この文字も「写真5」から確認できる）がふさわしいと考えていたのである。

すでに指摘したように、唐の皇帝、一時は遊牧民のカガンでもあった李一族が鮮卑の出身であることは、当の本人たちもよく自覚していた。それがのちの歴史改竄をひきおこす一因ともなる。歴代王朝の史書編纂者が、古代シナ人から野蛮とみなされる「鮮卑」の出自であることを極力、隠すようになっていくのだ。

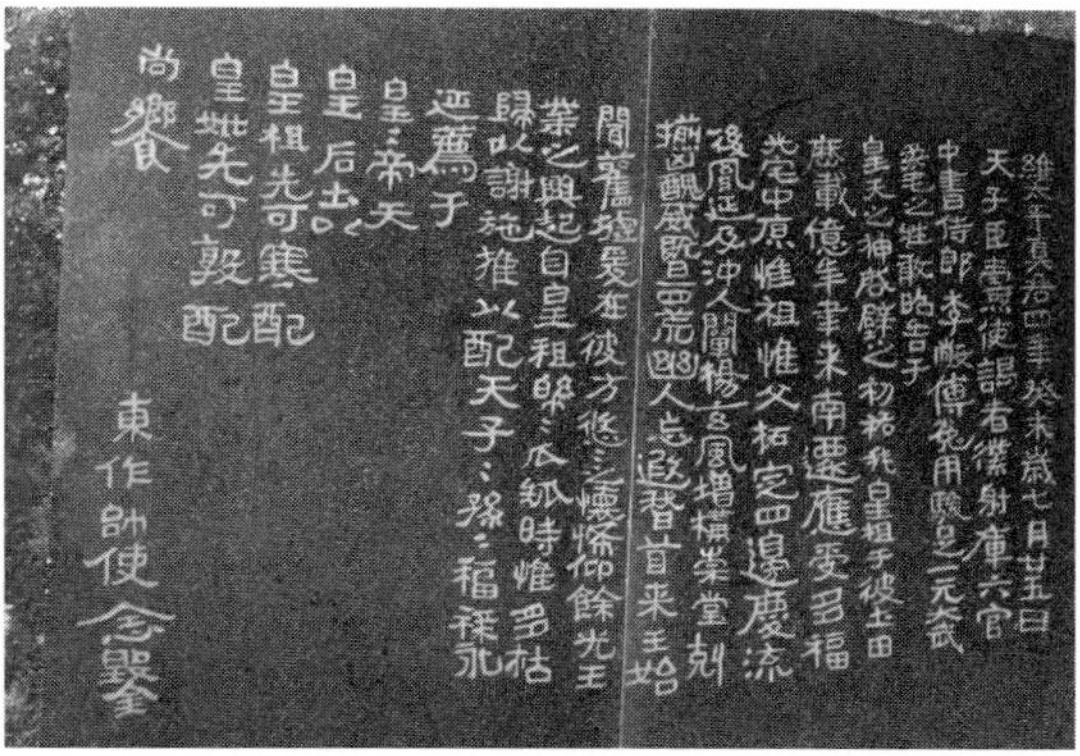

写真5　ガシューン・アグイこと嘎仙洞の刻文の拓本。北魏の帝室は鮮卑に出自をもつ、との認識を記した碑文が洞窟の壁にのこる。

歴史の簒奪は、私が内モンゴル自治区で調査していた一九九〇年代以降の現代中国でもおこなわれた。その直前まで中国では、『唐王李世民』というドラマがはやり、「わが漢民族の中国の歴史でもっとも華やかなりし時代は唐の時代だった」と自負していた。唐は開放的な帝国で、日本からも遣唐使としてやってきて試験に合格し唐に仕えた阿倍仲麻呂がいたなどと主張していた。

ところがその後、その華やかなりし唐王朝は、「漢民族」ではなく「鮮卑拓跋人」によって樹立されたものである事実がすこしずつしれわたるようになり、それから唐を褒めそやさなくなった。

では、なにを「中国四千年」のよりどころにするべきか。唐のつぎに華やかだったのは元だが、しかし、元は、いうまでもなくモンゴル人による王朝だ。第一章でものべたように、結局現代中国には、「漢民族」独自による誇れるかがやかしい歴史が存在しないのである。

## 遊牧民のモニュメント「石人」

ユーラシア草原のテュルクの人びとの精神世界を理解するには、「石人（せきじん）」（石刻（せっこく）の人像）をしる必要がある。石人は、草原にたつ石だが、人が形取られているのが特徴だ。目鼻があり、襟のある服をきている。たとえば、モンゴル高原西部のアルタイ山脈の東麓にたつ石人だが、そ

写真6　モンゴル高原西部、アルタイ山脈の東麓に立つ二体の石人。

の襟は、考古学者の林俊雄氏によるとソグド風だという（写真6）。帯をしめており、そこには遊牧民の象徴であるナイフをたずさえ、左手をそえている。右の手には、グラスのようなとっくりのような酒器とみられるものをもっている。

では、この石人とは誰なのか。林氏は著書『ユーラシアの石人』でこうのべている。

「考古学資料としての石人をどう解釈するかという問題については、従来からふたつの説が対立している」。「ひとつは、死者が生前に殺した敵を石人として表現したとする解釈である。この説では石人から東方につづく石列も殺された敵とみなすので、石人と石列中の立石とは意味が同じということになる」。「もうひとつは、石人を死者本人とする解釈であ

写真7　モンゴル高原北西部、シベリア南部のトゥバ共和国に立つ石人。

る」と指摘している（写真7）。

前者の根拠として、林氏は『周書』にある記述を参考にあげる。そこには、葬式がおわると墓所に石をたて、その石の数は生前に殺した敵の数におうじると書かれている。

後者の根拠は『隋書』だ。そこには死者の肖像は絵画でのこされるともしるされているのだが、それをやや拡大解釈すれば、石像もふくむと考えられるのである。

葬られているのがテュルクの戦士であり、前者の解釈を適用するなら、石像が一体であることは考えにくい。何体もならんでいなければおかしいだろう。というのも、ひとりの戦士が生涯の戦で倒した敵の数もおおいと考えられるからだ。さらに、酒杯を手にしているのは、あの世へ行っても馬乳酒を飲めるようにという配慮にちがいない。であるから、石像は葬られた人物そのものだと解釈したくなる。

写真８　モンゴル高原西部の古墳の前に立つ石柱の列。古代のテュルク人が死者のために立てたバルバルだとの見方がある。

では『周書』の記録はまちがっているのかというと、そうもいいきれない。石人のちかくには、バルバルとよばれる石柱が、一直線上にならんでいるのである。このバルバルこそが、『周書』に書かれている生前に殺した敵の数におうじてたてられる石ではないか、との学説もある（写真８）。

石人が葬られた人物であることの根拠は、『周書』にもうひとつみることができる。それは、死者の弔い方である。死者を追悼するときは天幕の周りを馬で七回廻り、天幕の入り口の前を通過する度に、刀で顔を傷つけて泣くとされている。これは、かのスキタイの哀悼のあらわし方と同じである。やはり、遊牧民の伝統的な使者儀礼は脈々と東西一様にテュルクの時代もうけつがれていたのである（写真9、10）。

写真9　モンゴル高原中央部、オングトの地にあるテュルク時代の板石墓。斜格子紋様が見える。

写真10　オングト草原の石人。

さて、ここまで紹介した「トニュク碑」も「石人」もモンゴル高原でみつかったものだが、東トルキスタンにも、当時をしのばせる石人が数おおくのこっている。

新疆ウイグル自治区の天山の山中に、モンゴル・クレーとよばれる地域がある。ここでも、左手にナイフ、右手に酒器をもった石人がみつかっている。しかも、この石人を一躍、有名にしたのは、その下半身にソグド語による銘文がきざまれていたからである（写真11）。

写真11　天山山中のモンゴル・クレーの石人。下半身にはソグド語の銘文がある。

解読された銘文の内容によると、この石人はニリ・カガン時代のものである。ニリ・カガンとは西テュルクの指導者で、五八七年から六〇四年までカガンの位に在していた人物で、この石人のある古墳も本人の墓ではないかといわれている。この石人はまた髪型に特徴がある（大澤孝「西突厥におけるソグド人」）。「辮髪」なのだ（写真12）。

いうまでもなく、「辮髪」は、おもにモンゴル（モンゴル高原）周辺の男性の髪型で、頭髪を、一部をのこして剃りあげ、残りの毛髪を伸ばして三編みにし、後ろに垂らしたものだ。が、古代にはテュルク系も辮髪の風習をもっていたのである。それは、『周書』や『隋書』には突厥、つまりテュルクは被髪＝辮髪であったと書かれており、その記述と一致する、とも解釈できる。

写真12　モンゴル・クレーの石人の後ろ姿。

### 唐の中央アジアからの後退

ふたたび歴史のながれに目を転じると、東テュルクも西テュルクも八世紀半ばにしだいにほろびる。ほろびるといっても、東テュルクの場合は、アシナ氏がウイグル氏に支配権をゆずりわたすことでその名がウイグル帝国にかわるだけである。ただし、なかにはそれに不満をいだき、西へと移動していくテュルクの人びともでてくる。

七五五年には、唐では「安史の乱」がおこる。ソグドとテュルクのあいだに生まれ、六種の言語を話し、唐に仕えていたソグド系の安禄山という人物が、同郷で同じ境遇にあった史思明とともにおこした、「打倒楊国忠」（楊貴妃の一族）をかかげての反乱である。この反乱は九年にもおよんだが、このとき唐はウイグルに助けをもとめ、ウイグル軍はなんとか乱をしずめる。

なお、安禄山の「安」は、「ブハーラー（安国）」出身者を意味し、史思明の「史」は「キッシュ（史国）」出身者を意味する。ブハーラーもキッシュもソグド人がソグディアナの地でたてたオアシス国家の名前である。そして、名前の禄山もソグド語で「ロクシャン」、「光」を意味する。もうひとりの史思明も「明を思う」との意で、光と闇の二元論にたつ、ゾロアスター教の信仰体系をおびた人びとだった（杉山正明『疾駆する草原の征服者』）。

ともかく、ウイグルは唐をすくった。そしてこのときに、そのまま唐にすみついたウイグル人がいる。安史の乱から千年以上すぎたいまもその子孫は、桃源郷ということばのモデルとなった湖南省桃花源でくらしている。かれらはイスラーム教徒で、中国が一九四九年に中華人民共和国になるまではそこにモスクも維持してきた。

## ユーラシア東部の国際性

話は前後するが、ウイグル帝国の人びとは、七五七年にモンゴル高原中央部のセレンゲ河のほとりにバイ・バリクをつくった（写真13）。「バイ」はテュルク語で「富貴」、「バリク」は「城」のことである。バイ・バリクはソグド人やシナ人につくらせたものだ。歴史学者の松川節氏は、「ウイグルは、北～中央アジア遊牧国家のなかで最初に都城を築いたことがあげられる。……中国人やソグド人がさかんにモンゴリアにやってくるようになり、都市生活文化が草原につたわったことと無関係ではあるまい」と指摘している（松川節『図説　モンゴル歴史紀行』）。現在、バイ・バリクはモンゴル語でハラ・バルガスン、つまり「黒い城址」とよばれて

写真13　モンゴル高原中央オルホン河の西岸に立つ古代ウイグル人のバイ・バリク。

いる。「黒」とは、廃棄されてすまなくなったことを意味する（写真14）。

ウイグルが大帝国だったころの東ユーラシアは、三大帝国が鼎立していた時代であった。ウイグル帝国と唐王朝、そしてチベット帝国がそれぞれさかえていたのである。

しかし日本では、この時代には唐との交流がさかんであったことも影響してのことであろうが、唐を過大評価し、当時西にあった大国は唐だけだと信じ、ウイグルとチベットへは目をむけてこなかった（森安孝夫『シルクロードと唐帝国』）。しかも、その唐は、匈奴に淵源する鮮卑拓跋系の王朝であるから、漢民族単一の国家では決してなく、むしろ国際色豊かな国であった。この点で、唐も、まぎれもなく、中央ユーラシア型国家なのである。

唐の国際色をものがたる、わかりやすい例の

写真14　バイ・バリクにのこる遺物。

ひとつとして、高仙芝（こうせんし）という人物（？～七五五年）をあげることができよう。唐がイスラーム軍と対峙した七五一年の「タラス河畔の戦い」のとき、唐軍をひきいていたのは、この高仙芝だ。かれは、朝鮮半島の高句麗系出身である。

遊牧民一家が統治し、朝鮮半島の出身者がシナ人も含めた軍を引率してアラブ人と戦い、日本人である阿倍仲麻呂が国立国会図書館館長のような役職についていた国、それが鮮卑拓跋系の唐王朝なのである。

ちなみに、タラス河畔の戦いでは、唐がやぶれ、イスラーム勢力はソグド人の本拠地であるアム河、シル河地帯をふくめ、パミール以西のオアシス地帯の西半分を勢力圏にした。これにより、ユーラシアの東西をむすぶ通商ネットワークは、ソグド人ではなくイスラームを信奉する、ムスリム商人が支配するようにかわっていく。そのため、ソグド人やテュルク系のあいだにイスラームがひろまっていくことにもなる。

「安史の乱」「タラス河畔の戦い」で唐軍がやぶれたために、唐の中央アジア経営は後退をよぎなくされていった。

それはさておき、日本でよく知られている唐の時代の人物に詩人の李白（七〇一～七六二）がいる。この李白は中央アジアの出身で、その後、唐に移住している。李白はテュルク系の人物ではないか、とみている研究者もいる。

また、同じ時代の詩人・杜甫（七一二～七七〇）はシナ人であるが、テュルク系のことばで表現される詩歌の影響をうけていたから、独特な漢詩をつくったと岡田英弘氏はいう。なぜなら、かれらがしるした唐詩は、従来のシナの頑な詩とはことなり、むしろ、テュルクをはじめとする遊牧民の世界で好まれる頭韻や脚韻をあわせる表現が多用されているからだ。このように、李白と杜甫はテュルクの文化をとりいれたことで、漢詩に一大革命をもたらし、漢字文化圏に新しい表現を創出したのである（岡田英弘『読む年表　中国の歴史』）。

しかし、多様性にとんだ国であった唐は、のちに国際色を薄くしていく。「漢民族」を重用してシナ化、すなわち視野を狭めて矮小化していくのだが、その前に「タラス河畔の戦い」という世界大戦でやぶれ、それが、中央ユーラシアがイスラーム化するながれを決定づける。さらに七八九年から七九二年にかけて、ユーラシアの三大帝国の残りの二つであるウイグルとチベットは、天山北麓のビシュ・バリク（トルコ語で「五つの城」の意）で一戦を交えている（写真15）。いまもビシュ・バリクにはその名の通り五つの城址の残骸がのこっているが、

写真15　新疆ウイグル自治区首府ウルムチ市から東へ行ったところにのこるビシュ・バリク城址。遠くに天山がみえる。

一九四九年以降に中国人すなわち漢人がこの地に進出し、遺跡が農民に荒らされてしまっている。この戦いでどちらが勝ったのかは、歴史学者のなかでも評価がわかれている。だが、これを機に天山南北、すなわち現在の新疆のあたりのテュルク化がすすんでいき、東トルキスタンが成立する。

## 遊牧民の弱点

じつは、馬に乗って東奔西走する遊牧民は自然災害に弱い。とりわけ雪害（ジョド）に弱い。

「英雄をたおすには一本の矢で十分、遊牧民をたおすには一夜の雪で十分」

ということばがある。もし一晩、吹雪がつづくようなことがあれば、羊などの家畜群はほとんど死んでしまう。いまでもモンゴル高原では、雪で羊が大量死することがある。

遊牧民の天敵である自然災害（大雪）に、ウイグルは八四〇年にみまわれた。さらに内乱もかさなり、これにより国家としての力が低下すると、シベリアのイェニセイ河ちかくにすんでいたキルギスが存在感をたかめてくる。そしてキルギスは、モンゴリアに南侵しウイグル帝国をほろぼす。居場所をうしなったウイグルの人びとは西へながれていき、天山のオアシス地帯の各地で住民たちと徐々に融合し、それがテュルク化をいっそうすすめることになる。ウイグルの人びとをうけいれた西の人びとは、それまで話していたインド・ヨーロッパ系のことばを放棄して、テュルクのことばをえらぶようになる。九世紀中葉にいたると、天山山脈以南のタリム盆地のテュルク化もいちだんとすすむ。そして、ときを同じくして、唐も九世紀には衰弱し、九〇七年に幕をとじる。

天山沿いのオアシス地帯では宗教も変化する。ウイグル人には、後述するマニ教徒がおおかった。マニ教は、南バビロニア生まれのマニ（二一六～二七七）という人物が神の啓示をうけ、ササン朝ペルシャの保護により、ゾロアスター教をもとに、ネストリウス教や仏教などの諸要素を融合させて創始した宗教だ（岸本英夫『世界の宗教』）。しかし、マニ教はテュルク語がほかの言語を一掃したような威力はもたなかった。しばらくのあいだ、天山では、新しいマニ教と古くからの仏教が併存する。そしてウイグル人たちが、仏教に改宗していく。天山では、言語のテュルク化と宗教の仏教化もすすむのである。いまも天山にのこる石窟寺院はすべて仏教

写真16　天山南麓のキジル石窟。仏典の翻訳者クマーラジュの像が立っている。

文化が開花したときのものである（写真16）。

ではこのとき、西テュルクではなにがおきていたかというと、テュルク化とイスラーム化がすすんでいたのである。そのイスラームはやがてパミール山脈をこえ、東テュルクにもはいりこんでくる。今日の新疆ウイグル自治区の都市トルファンには、十五世紀前半まで、仏教とイスラームが併存していた。仏教寺院とモスクが向かいあわせで建っていたという記録がのこっている。

## 二　中央ユーラシアのイスラーム化

### イスラームの浸透

イスラーム化される前の中央ユーラシアで広く

信じられていた諸宗教のひとつに、ゾロアスター教（拝火教）があった。ゾロアスター教は、紀元前六六〇年に、預言者ゾロアスターによって、「アフラ・マズダー」を唯一神として崇拝するものとしてつくられたものだ。「アフラ」は「主」、「マズダー」は「光」の意味であるから、光を信仰する宗教と考えて良い。

前の節でふれた「安史の乱」の安禄山は、乱軍をひきいるにあたって「光明の神」を自称しているが、これはゾロアスター教信仰のあらわれだ（杉山正明『疾駆する草原の征服者』）。

ゾロアスター教は、後漢のころにはシナに移住したソグド人に伝えられていたという記録があり、唐代のシナと、テュルクがその影響力を高めていたユーラシアでさかんになった。六一二年には、長安と洛陽に「祆教寺院」が建立されたという記録がのこっている。「祆教」とはシナのことばで「ゾロアスター教」のことだ。このほかにも、敦煌や武威にもゾロアスター教がつたわっていたことがわかっている。長安と洛陽、それにいまの北京といにしえの幽州には現在も、ゾロアスター教の遺跡がのこっている。

ゾロアスター教は、モンゴル高原にもつたわっている。モンゴルでは昔から火を崇拝するシャーマニズム信仰があり、神々の頂点にたつ火の神をホルモスターとよぶのだが、このホルモスターは、アフラ・マズダーがなまったものだ（写真17、図1）。

ゾロアスター教とならんで注目すべきは、先述したマニ教である。中東生まれのこのマニ教は、ウイグルの人びとのあいだでひろく信じられていた。シナにもつたわり、のちに弾圧され

写真17　オルドス・モンゴルの拝火祭の風景。火を祭るさいに、ラクダの額部分の毛を切って献上する。

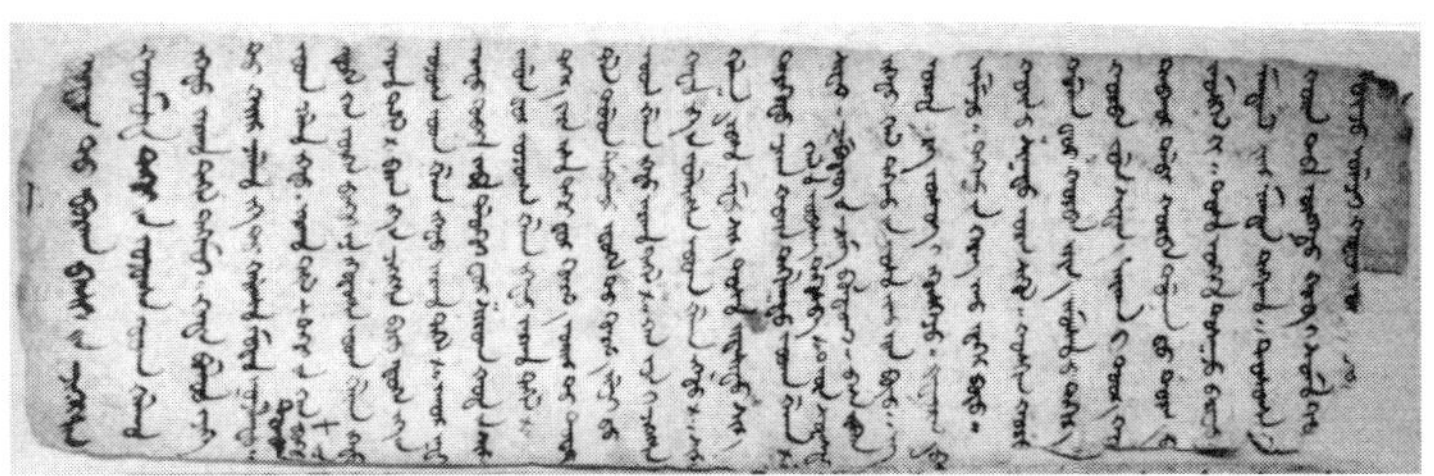

図1　ベルギー王国スキュート博物館が所蔵するモンゴル語の古い拝火祭の写本。左から6、7行目に「母なるオテュケン」や「オテュケンの火」との表現があり、2行目に「ホルモスター天」とある。

るものの、遊牧民のあいだにも定着したものと考えられている。

仏教もまた、この時代にはさかんであった。長安や洛陽には、ソグド人による仏教遺跡やソグド語の仏典ものこされている。ソグド語の仏典は、漢語から翻訳されたとみられている。また景教（ネストリウス派キリスト教）も、六三五年にペルシャ人のオロボンという人物から唐につたえられている。六四八年には、インド帰りの玄奘三蔵が長安に慈恩寺を建立する。仏像と仏典を納める大雁塔はいまものこっている。

そしてイスラームだ。サラセン（イスラーム教徒）は六五一年に、唐へ使者を派遣している。唐では、ゾロアスター教とマニ教が興隆し、そして仏教と景教が東遷し、最終的にイスラーム教が流布し定着する。西で生まれた宗教や文化が流行していたのである。

この章の最初の方で、「胡」「胡人」とは西からやってきた人物、主にソグド人をさすと書いたが、そのソグド人等によって西方から唐にもたらされた文化には、胡の文字がいまものこっている。胡桃（くるみ）、胡瓜（きゅうり）、胡麻（ごま）、胡椒（こしょう）。これらはすべて西アジアの植物・食物であり、ソグド人など西方から訪れた人びとが伝えたものだ。胡座（あぐら）も西からつたわった。古代シナ人は、いまの日本の着物に似た、長い袖のついた服をきて、おおきな帽子をかぶり、座して動かずを良しとしていた。したがって、床に座るときには正座である。一方で、胡座をかいて気楽に座るのは遊牧民独特の西の文化なのである。

こういった交流・交易・戦闘などを通じて、ユーラシアは徐々にイスラーム化していく。

七世紀から八世紀にかけて、アラブ軍は中央アジアの征服をはじめている。タラス河畔の戦いも、アラブ軍の東方進出によって生じたものだ。これに負けた唐は衰退をはじめる。それは、アラブ軍との圧倒的な力の差を感じたからでもあり、唐自身がユーラシア型国家であることをあきらめ、漢の時代に後もどりするかのようにシナ化していくからである。

アラブがユーラシアでの勢力をつよめると、まずは西テュルク支配下のイラン系の人びとがイスラーム化していく。その代表例が、ゾロアスター教を国教としていたササン朝ペルシャのイスラーム化である（梅村坦『内陸アジア史の展開』）。

ササン朝ペルシャ（二二六年～六五一年）はとても面白い王朝だ。王家はイラン系だが、実際の政権運営にあたっているのはテュルク系のマムルーク（奴隷）なのである。奴隷というと誤解をされそうだが、総理大臣も軍の司令官も、マムルークがしめている。身分は低くても実力さえあれば高い地位につけるのがマムルークだ。ササン朝ではイラン系とテュルクとの通婚もさかんであった。テュルクの存在感は徐々にたかまっていった。

ササン朝がなくなり、やがてサーマン朝（八七五年～九九九年）へかわると、ペルシャのテュルク化はさらにすすんでいく。九九九年には、そのサーマン朝にかわってカラハン朝（十世紀後半～一二一二年）となるが、カラハン朝とは、マムルークであったテュルクが、イラン系のサーマン朝をほろぼしてたてたものだ。これをもって、西トルキスタンが成立したのである。

## 「獅子王」碑の発見

私自身も一九九二年夏の現地調査のなかで、イスラーム化の跡を垣間みたことがある。新疆ウイグル自治区の西、天山にちかいところにシャタという場所がある。「シャタ」とは「はしご」や「階段」という意味で、天山山中へ向けて狭い道が次第に階段のように高くなっていく土地なので、こうよばれている(写真18)。

調査の目的は、古墳とそのちかくにすむ遊牧民であった。八月二四日、シャタの古墳を見学してからちかくの天山からながれでる河川に寄ったところ、思いもかけぬ発見をした。日が傾いてきて西日がさしはじめたとき、河原にあるおおきな石に文字が浮かびあがってきたのだ(写真19、図2)。その地域ではよく知られているものかと思ったが、地元の幹部も遊牧民もその存在を把握していなかった。

書かれていたのはアラビア文字である。これを当時神戸大学にいた濱田正美氏(京都大学名誉教授)が解読したところ、そこにアルサラン・カディル・シャーの名があった。シャーとはペルシャ語で国王という意味で、アルサランは獅子だ。濱田氏はカラハン朝のシャーの一人である、と分析している(Masami Hamada, L'inscription de Xiate (Shata))。

獅子を意味するアラビア語のアルサランはテュルク語とモンゴル語にもはいって定着した。

写真18　ユーラシアの背骨と称される天山山脈。遠くに遊牧民が神聖視する名峰、ハーン・テンゲルがみえる。

アルサラン・シャーは「獅子王」との意味だ。エジプトのかつての大統領アンワル・サダトもアルサランを自称していた。これまでにアルサランを自称するシャーは何人もいるため、天山の石にその名のきざまれた獅子王がどの男なのかは特定できないが、イスラーム風の名をなのっているテュルク系の王が、イスラーム風の名をなのっていることは注目に値する。

ここで重要なのは、「アルサラン・シャー」の名が、天山の東側にある石に書かれているのがみつかったことである。石碑の建立は、イスラームをうけ入れていた西トルキスタンのテュルク系の人びとが、パミール高原を越えて東トルキスタンにあらわれていたことを示唆する。東トルキスタンへは、西トルキスタンのテュルク人たちによって、イスラームがもちこまれたのであろう。じつは六五一年に、イスラームの使者が唐にまで訪れたことはあったが、そのときには定着しなかった。西トルキスタンのテュルク化につづいて、東トルキスタンでも、テュルク人のあいだにイスラームがつたわってきたのである。

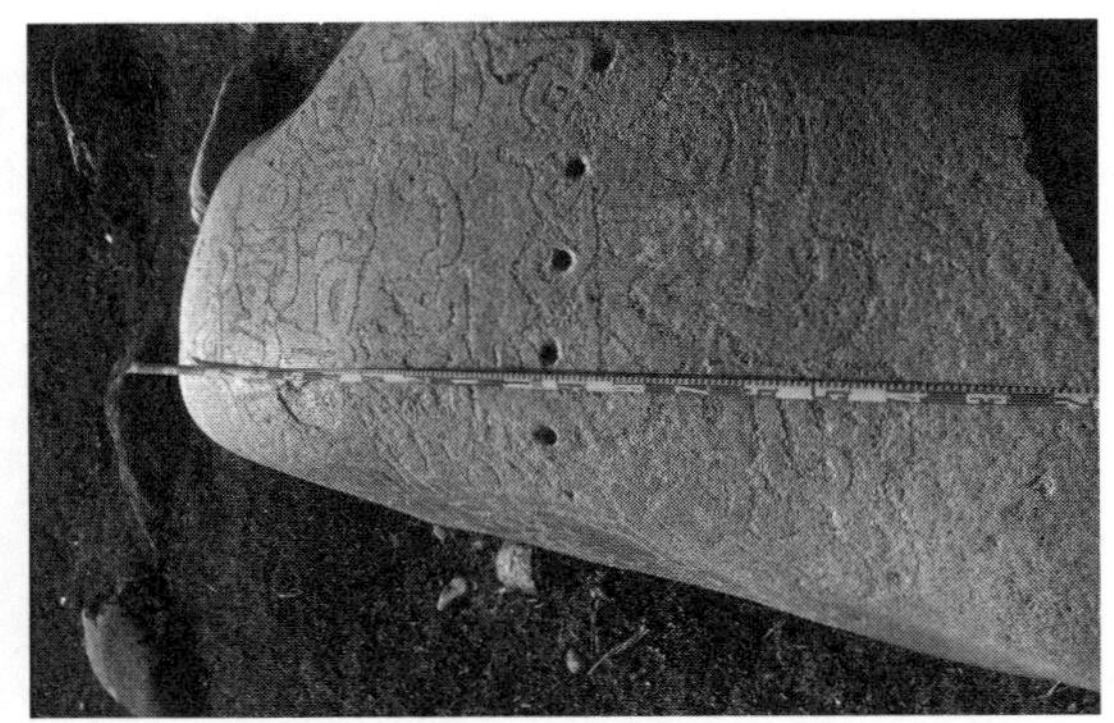

写真19　アルサラン・シャー、「獅子王」の名が刻まれた天山の石碑。

١ بس [ ] ح (؟) [ ]
٢ الامير [ ] سيد العدل لعا (؟) [ ]
٣ العدل امد الله (؟) [ ]
٤ له و السلاطين قتلغ
٥ الب غازى قلج لرسلان قدير (؟) شاه
٦ الغ يعقويمكان (؟) شاه
٧ [؟]ر قتلغ طغى الب شاه [ ]
٨ بو بكر

図2　濱田正美教授が翻字したシャタのアラビア語碑文。

写真20　中国の大いなる美しい西域を宣伝するプロパガンダ・ポスター。

## 「西域」の虚構

新疆ウイグル自治区はいまも東西の文化が交わる地だ。そのウイグルに調査にでかけた際にみつけたポスターに「西域」の文字があった（写真20）。「大いに美しい西域」を中国政府は宣伝しているのだが、この西域ということばは、古代シナからつかわれている。トルキスタンすなわちテュルクの土地であるとみとめたくないがゆえに、このことばを政治的につかってきたのだろう。しかしこの言い方は、西域とよばれる地域はシナの一部ではないこともしめしている。西域とは、方位名詞にすぎない。しかも、古代シナも「西域三十六国」についてはずっと『外国伝』に記述してきた。かれらのいう「西域」が中国の「古くからの固有の領土の一部」

であったという言説は、まったく荒唐無稽の話である。

この時代は、東では鮮卑拓跋系集団による征服王朝である「唐」があり、西では「テュルク」による征服王朝である「カラハン朝」があった。西でも東でも、当初は部外者であった遊牧民が通婚などによってじわじわと勢力を拡大し、それまでの王朝を倒して主流となったのである。

それをしってかしらずか、現在、中国は新疆ウイグル自治区でシナ人（漢人）とウイグル人とのあいだで通婚をなかば強制的にすすめている。新疆ウイグル自治区の人口は、過去にさまざまな民族をとりこんだウイグル人が約八〇〇万人、中国人すなわちシナ人（漢人）も約一〇〇〇万人でかろうじて均衡している。しかしムスリムはムスリムとしか結婚しないため、中共政権はウイグルを切り崩そうと躍起になっているのだ。

## 石人、ふたたび草原に帰る

古代のテュルク人たちは葬送儀礼の一環として、石人を後世にのこした。テュルク人たちが天山南北とパミール高原の東西を席巻し、名実ともにトルキスタン化していったあとのモンゴル高原ではしばらくのあいだ、遊牧民は石人をその墓にたてることをしなくなった。しかし、一三世紀になると、ふたたび草原に石人を建造する集団があらわれた。考古学者の林俊雄氏に

写真22　南モンゴルこと中国内モンゴル自治区の元上都遺跡にのこるモンゴル帝国時代の石人。

写真21　モンゴル高原南東部のスフバートル県オンゴン郡の石人。

よれば、それはモンゴル帝国時代に西の中央アジアから東に移住したキプチャク人（ポロヴェツ）がもたらした文化だと解釈している（林俊雄『ユーラシアの石人』）。キプチャク人は勇猛をもってしられ、移住者たちも世祖フビライ・ハーンに重用され、馬乳酒の醸造にたずさわっていた。そのかれらが造営したとされる石人がモンゴル高原南東部のスフバートル県にのこっている（写真21）。元朝の夏の都、上都にもある（写真22）。

モンゴル人の歴史学者オユーンビリクによると、キプチャクの「キプ」とは中世ペルシャ語で「赤」を意味し、「チャク」は「草原の民」である。いわば、「赤褐色の遊牧民」との意である。モンゴル人自身が書きのこした『元朝秘史』にもキプチャクやアソといった中央アジアのテュルク系の遊牧民に関する記述がある。かれらが東方の元朝に移りすんでからは、ハラチンと称された。こちらは「大ハーンの馬の放牧者」の意である。「大ハーンの馬群の放牧者」は、馬乳酒の醸造を担当していた。元朝がほろぶと、ハラチン人たちは他のモンゴル人集団と融合し、ゆるやかに後世のハラチン・モンゴル人に変身していった（烏雲畢力格『喀喇沁万戸研究』）。このハラチン・モンゴル人は近世にはいり、日露戦争の前後期からもっとも早くから日本と接触した集団である。

# 第五章　三つの帝国が鼎立した時代

11世紀頃

## 一　三つの帝国が併存した時代

### 「王様の耳はロバの耳」

南モンゴルのオルドス高原にある私の生家ちかくには古い城址がのこる。大人にきくとそれは「チンギス・ハーンにほろぼされたタングート人の城址」ということだった。城址の北には沙漠がのびやかにひろがる。風がふくと、沙漠のなかから整然とならんだ人骨の列がでてくる。みごとに全員、頭部がなかった。太陽の光で白くひかっていた人骨をやがて牛や羊たちがたべてしまう。人骨内のカルシウムを必要としていたのかもしれない。

タングートとは、日本では西夏（一〇三八～一二二七）として知られる王朝をつくったチベット系の民族だ。その都は、オルドスと黄河の西にあたる興慶府におかれていた（写真1）。今日の寧夏回族自治区の首府、銀川市付近である。

子どものころ、私はそのタングートにまつわる物語をよくきいた。文化大革命の真っ最中で、

写真１　現在の寧夏回族自治区首府銀川市郊外にのこるタングートの王墓。賀蘭山の南麓にあり、北から南へと墓群が並ぶ形式は、モンゴル高原からトルキスタンにかけて分布する古墳の配置形式と同じである。過去に興慶府があった地である。

勉強は無意味だということで、よむにあたいする書籍もほとんどなかったため、物語といえば耳からきくものぐらいしかなかった。

　ある物語に登場する大ハーンの耳には特徴があったという。どうみても人のそれではなく、ロバの耳だったのだ。その大ハーンは、髪を切ってくれた床屋を殺すのが常だった。自分の耳のことを、いいふらされたくないからだ。しかし、大ハーンのところによばれた床屋が殺されるという噂は瞬（またた）くまにひろまった。あるとき指名された床屋はそれをしっていたため、髪を切るだけでなく、腕をふるって大ハーンにごちそうを食べさせた。大ハーンは提供された食事を気にいり、その床屋は生かしておくことにしたが、自分の耳について口止めするのを忘れなかった。

　床屋はそれをまもろうとした。しかし、し

った秘密を誰かにいいたくなるのは人の性(さが)だ。我慢ならなくなり、ネズミのほった穴にむかってその秘密をさけんでしまった。おどろいたのはネズミたちだ。ネズミたちのあいだで「大ハーンの耳はロバの耳」であることがおおきな話題となり、ついには人間たちの耳にもとどくようになった。

この話にはさまざまなバージョンがある。

私はこれをモンゴルにつたわるタングートにまつわる寓話と信じてそだってきた。祖母や両親からきいていたからでもあるし、一九〇五年から一九二五年にかけてオルドスで活動していたベルギー人宣教師モスタールト(A. Mostaert)が、自ら採取したオルドスのモンゴル民話のフランス語テキスト版にもあるのをのちにしったからでもある。モスタールト師の民話は日本語にも訳され、『オルドス口碑集』との名で刊行されている。

『イソップ童話』にも似たような話があるときかされたのは九十年代、大学院生として日本でまなんでいたときだった。ある日本人からそう指摘され、大変おどろいたのをおぼえている。『イソップ童話』をよむ機会にめぐまれていなかったのは、文化大革命中に書物がなかったのも一因だろう。しかし、モンゴル人は誰も「王様の耳はロバの耳」が『イソップ童話』に収録されているのをしらない。文字化されて『イソップ童話』になったのがさきか、昔からモンゴルの地にあったかはともかく、それ以上に、この「王様の耳はロバの耳」のように、ユーラシアは人と文化がさかんに往来する場である。とうぜん、物語も西から東へ、あるいは東から西へもたらされたのであろう。この章では、「王様の耳はロバの耳」という物語を生みだしたかもしれないタングート（西夏）とキタイ（契丹＝きったん）、宋、そしてこれらをほろぼして誕生するモンゴル帝国についてのべる。

## 大キタイ国の興亡

十世紀から十二世紀ごろのユーラシアには、モンゴル系のキタイによる遼（九一六年〜一一二五年）、タングートによる西夏（一〇三八年〜一二二七年）、そして宋（九六〇年〜一二七九年）という三つの大帝国があったが（本章トビラ地図参照）、そのうちの「キタイ」と「タングート」ということばは、現代モンゴル語のなかに生きつづけている。

現代モンゴル語では、漢人すなわち中国人のことを「キタド」（単数形はキタイ）といい、「チベット」のことは「タングート」とよぶ。しかし本来、「キタイ」すなわち「契丹」は「大契丹国」をさし、「タングート」は「契丹」とほぼ同じころにさかえた大夏帝国（西夏）を意味する。なぜ漢人をキタイとよぶように概念のおきかえが発生したのかはわからないが、チベット人をタングートとよぶようになったのは、おそらくタングートの人びとがチベット系のことばを話していたからと思われる。

さて、キタイこと契丹である。

キタイは、現在の内モンゴル（南モンゴル）自治区の東、大興安嶺の南麓に遊牧していたモンゴル語系の集団である。前の章でふれた古代テュルク語でしるされた碑文にも登場している人びとだ。その集団からひとりのリーダーが誕生する。耶律阿保機（やりつあぼき）（八七二年〜九二六年）が、君主の称号である「可汗（かがん）」を自称するようになるのだ。それは九〇七年のことだった。この耶律阿保機をなんとよむのかは定かでないが、日本語の「やりつあぼき」がかなりちかいのではないか、と歴史学者の杉山正明氏は指摘している（杉山正明『疾駆する草原の征服者』）。

その後、耶律阿保機は九一六年に大キタイ国をつくった。のちに国号を遼とするため、大キタイ国は遼王朝としてもしられている。『遼史』によると、キタイのカガン耶律阿保機は、九二五年冬に日本からの使者と面会をしている。さらに翌日には高麗からの使者とも会っている。

大キタイ国は、九二九年には渤海国を征服しその名を東丹国とあらためているが、その東丹国からは日本の丹後に九十人以上の使者が訪れている。日本海をはさんで使者のさかんな往来は、当時の東アジアが国際関係の激動の最中にあったことと、それに日本が気づいていた事実を裏づけるものだろう（荒川慎太郎ほか『契丹［遼］と10〜12世紀の東部ユーラシア』）。

渤海国改め、東丹国は九三〇年には大キタイ国によってほろぼされる。これによってキタイは、東は渤海国から西はパミール高原、北はモンゴル高原から南は黄河流域までの広大な土地を統治することになった。

写真２　モンゴル国北西部、かつての「ハトン城」のちかくにのこるキタイ時代の城址。

大キタイ国（遼）の住民のおよそ半分は遊牧民で、半分が主にシナ人の農民であった。大キタイ国はこれにおうじて、北部の遊牧民は北面官が、南部の農民は南面官がおさめる、二重官制というユニークな統治体制を採用する。

大キタイ国は一一二五年に金国（一一一五年～一二三四年）にほろぼされる。この金については次章でふれる。

大キタイ国の滅亡に際し、追われた王子のひとり、耶律大石（やりつたいせき）（?年～一一四三年）が部衆をひきいて北上し、一一二四年にモンゴル高原で勢力をたてなおす。一一三〇年になると、かれは中央アジアに移動し、グル・ハーンに即位して西遼を建国する（松田孝一「西遼と金の対立とチンギス・カンの勃興」）。西遷するまでに拠った拠点はハトン（可敦）城と称し、モンゴル国北西部にある（写真２）。ハトン城とは「妃の城」との意だ。激動の時代、西へと移動する古くからの伝統をキタイ人もまた維持していたのである。

西に活路をみいだした耶律大石が建立した西遼はまた、カラ・キタイ帝国（西遼。一一三二年〜一二一一年）ともよばれる。「カラ」とはテュルク語およびモンゴル語で「黒い」という意味で、「カラ・キタイ」は、イスラーム教徒の呼称で「黒契丹」の意味になり、力強さを表現もしている。このカラ・キタイ帝国は「第二次キタイ帝国」ともよばれる。

## 「負け惜しみの中華思想」の起源

一方のタングート王朝は、漢字で表記すると「大夏帝国」となる。ユーラシアの東端にあるシナの視点では「西夏」だ。この王朝の誕生には、生活が苦しくなった民衆による黄巣の乱（八七五年〜八八四年）をきっかけとした唐の衰退がおおいに関係している。

唐はもともと鮮卑拓跋系の王朝でありながら、李姓を名のるなどかぎりなくシナ化していったのは前の章でのべたとおりだ。その鮮卑拓跋系の唐王朝は、現在のオルドス、当時の夏州にいた拓跋系集団のたすけをえて黄巣の乱を鎮圧する。唐王朝はそれへの対価として、夏州の拓跋集団に皇帝一族と同じ李姓と定難節度使という役職を与えた。節度使とは、唐の周辺異民族にそなえて辺境においた募兵集団の指揮官であったが、のちに軍閥と化して自立する者がおおかった。

ここに誕生したオルドスの夏州李一族は、タングートらチベット系の集団をつぎつぎにとりこんでいき、巨大化していく。この動きを目のあたりにした大キタイ国は九九九年に、夏州の拓跋とタングートという二大民族からなる軍団の統率者、李継遷に西夏王の称号をあたえた。

一〇三二年にはその李継遷の孫である李元昊が、タングート国を建て国王の座につき、一〇三八年には国号を「大夏」（一〇三八～一二二七）とあらためている。日本では「西夏」として知られる国だが、西は大キタイ国または宋からみたときの方位なので、独立国家の名称としてふさわしいのが「大夏」なのはすでに論じたとおりだ。

この大夏帝国は一二二七年にチンギス・ハーンによってのみこまれる。モンゴル時代の開幕だ（モンゴル帝国は一二〇六～一二七一、その後の「元」朝は一二七一～一三六八）。ただ、大夏帝国は国家としてはほろぶものの、拓跋系とタングート系の人びとは、モンゴル帝国に吸収され、モンゴル人と融合しながら活躍しつづけている。

大キタイ国がおこり、大夏帝国が勃興するまでのあいだには、唐がほろびて宋が誕生している。

宋（九六〇～一二七九）は九六〇年に南シナで勃興しているが、大キタイ国の支配者のほとんどがモンゴル系のキタイ人、大夏帝国の住民が拓跋系とタングート系とその混血であるのに対し、宋の人びとがどういった人種であるかは定かでない。中国はそれを漢人としているが、歴史学者の岡田英弘氏は、その漢人は漢の時代の漢人とは完全に異質であると指摘している（岡田英弘『読む年表　中国の歴史』）。それだけ、南シナの人的な移動は激しく、つねに今日の東南アジアをまきこむ形で人種間の混血がすすんでいた。

ところが、シナは宋の漢人も漢の漢人と同じであると純血主義を主張し、それ故に、ユーラシアの当時の正統は宋であるとし、大キタイ国と大夏帝国はその「宋の地方政府」であったかのように歪曲している。

しかしすでにのべたように、宋よりも大キタイ帝国の方が先に、九一六年に建国されているし、領土も遥かに広く、その名は西方世界にもつたわっている。単に西方にキタイとの名がしられていただけでなく、シナそのものもキタイや「キャセイ」などと呼称されるようになった。キタイ人はシナ人ではないが、シナをキタイとよぶのは、ある意味、正しい。シナ北部も長くキタイ人の支配下にあったからである。

現在、香港を拠点とする航空会社にキャセイパシフィック航空があるが、「キャセイ」とは「契丹」の意味である。これは、キタイはヨーロッパ系の諸言語にも定着している事実をしめす。それでも、中国共産党史家なども古代のシナ人同様に、宋を正統としたがるのは、岡田氏が指摘する「負け惜しみの中華思想は、中国人の病的劣等意識の産物」（前出文献）であることのあらわれだろう。

# 二　「塔」を愛したキタイ

## 農耕と遊牧を融合させた独自の文化

大契丹国には五つの都があった。上京臨潢府と中京大定府、南京析津府と東京遼陽府、そして西京大同府である。契丹は遊牧民であるから、皇帝は季節がかわるたびに自らのくらす宮帳をうつした。都市に定住しないのは遊牧民の伝統であり、のちのチンギス・ハーンも、ティムール朝（一三七〇～一五〇七）を建国したティムール（一三三六～一四〇五）も、同じように一カ所にとどまらずに四方に遠征しつづけていた。

五つの都のうち、上京は内モンゴル自治区バーリン地域、黄（潢）色い河を意味するシャラ・ムレン河流域に臨む地にある（写真3）。また、上京から西に行ったところの慶州は遠くに美しい雪山の嶺がみえ、そこからながれだす河が気宇宏大な草原をいまも潤しつづけている。このような風光明媚なところにキタイ人は慶陵をきずいた。斜面には灌木の生える、一見、ありふれた草原の風景だが、この風景は千年以上前のキタイの王墓の壁画にものこされている。

キタイ人がながめていた風景は、現代の私たちがみている景色とそうかわっていないのだ（写真4）。

一九三〇年代に、東京帝国大学をでた文化人類学者の鳥居龍蔵氏や京都帝国大学の歴史学者の田村實造氏らがここを訪れて調査している。田村氏は日本への帰国後に調査結果を名著『慶陵調査紀行』にまとめている。

キタイの人びとはいかにもモンゴロイドという顔

写真3　キタイの都上京臨潢府があった地にたつ観音像。第二次世界大戦中に日本人考古学者たちが調査していた頃は頭部がまだのこっていたが、その後、なくなった。

写真4　慶陵の壁画を思わせる山水画のようなキタイ人の故地。

写真5　キタイ人児童の髪型。遊牧民たちの古くからの伝統であろうか、いまでも草原のモンゴル人児童らがこのようなファッションをする。内モンゴル林東契丹墓地の壁画。

をしていたことが絵にのこされている。注目すべきは子どもの髪型だ（写真5）。

日本でいう月代（さかやき）のようにみえないこともないが、前頭部の中央に髪を短くのこしているのである。いまでも、草原地帯に行くと、キタイ時代と同じような髪型をしているモンゴルの子どもがいる。

そのキタイのくらしぶりは、墓の壁画からよみとれる。

赤く塗られた盆、つまり漆器に載せられているのは、肉まんだ（写真6）。この肉まんは、のちに食事が非常に豪華になる元朝の時代をこえて、現在ものこっている。遊牧民の食事は現在、とても簡素で、そのなかにあって肉まんはたいへんなご馳走である。ただし、モンゴル帝国期の貴族たちは美食文化を発展させていたことは、料理と栄養学の同時代著作『飲膳正要』

写真７　キタイ時代の陶磁器の水筒。

写真６　キタイ人の食事風景。内モンゴル自治区のチャガンハダ契丹墓地壁画。キタイ以前の匈奴も同じような食事を楽しんでいたかもしれない。

の記録によってつたえられている。

かれらキタイの文化がすぐれていたことは、当時の焼き物をみるとよくわかる。焼き物は同時代の宋の陶磁器がよくしられているが、キタイの陶磁器の方が、文化の面では個性的で、技術の面でも焼き具合も秀でている。キタイの焼き物にはのちの高麗青磁風のものもあるが、そのデザインにはシナの農耕文化の要素が希薄だ。むしろ遊牧民の影響をおおきくうけている。その一例が水瓶だ（写真７）。遊牧民は馬にのるときに牛やラクダの革でつくった水筒（写真８）を携行するが、キタイ人はそれと同じ形のものを、シナの技術である陶磁器でもつくっている。

このように、キタイ人は、農耕と遊牧を融合させた独自の文化をもっていた。

また、ある器には緑色の魚がえがかれている（写真

写真９　遊牧民のキタイ人の陶磁器に描かれた魚紋様。キタイ人は多様な資源を活用して、さまざまな文化を愛していた。

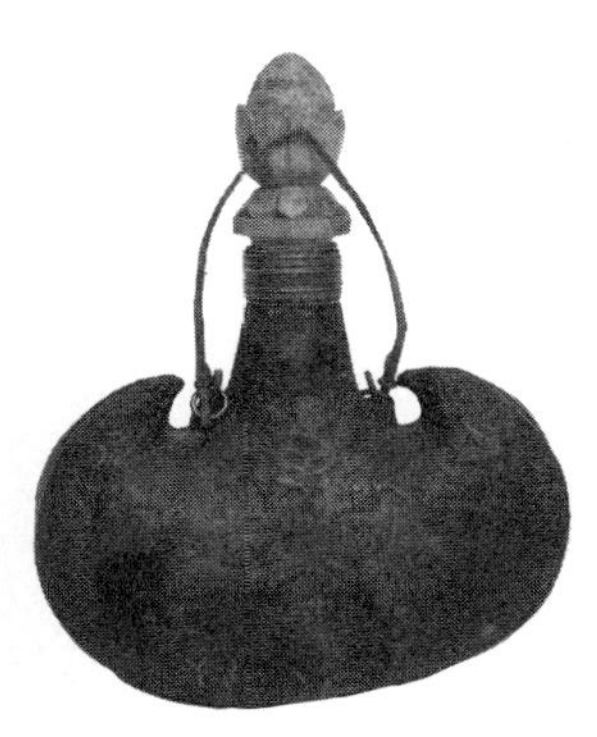

写真８　牛革で作った携行用の水筒。乳製品や酒を入れることもある。
出典：小長谷有紀・楊海英編『草原の遊牧文明』

９）。が、この緑色はラピスラズリ（瑠璃）の使用による結晶だ。ラピスラズリは、ほとんどがアフガニスタンまたはエジプトからしか採掘されない鉱物で、それがキタイ人の器につかわれているのは、当時からかれらのあいだでは国際貿易があったことの証でもある。なお、宋の陶磁器にはラピスラズリはさほどみとめられない。

染付はキタイがほろんだのちに誕生する元朝のものが世界的にしられており、現在はトルコ共和国のトプカプ宮殿におおく収蔵されている。それら染付は、モンゴルの王女たちが西アジア・中央アジアに嫁いだときの嫁入り道具でもあった（杉山正明『遊牧民からみた世界史』）。元朝の染付は、西方のラピスラズリと、中央アジアのイスラーム風デザインと、シナの焼き物の技術が一体化したことによって世界最高級の

写真10　キタイ人の天文図。遊牧民が「七人の神様」とよんで崇拝する北斗七星が描かれている。

芸術品とされるが、キタイの時代にすでにその前兆となる、東西文明の融合による逸品が生まれていたのである。

キタイの皇帝のひとりである耶律隆祐の墓誌蓋の中央には北斗七星が、その周辺にはさまざまな星座がきざまれている（写真10）。これは天文学が発達していたことの証拠でもある。日本の高松塚古墳にも「北極五星と四輔四星」とよばれる紫微垣の星座がえがかれている。紫微垣は、古代シナの天文学で、天帝の居所とされる星座で、北極星は天子の位にたとえられる。高松塚古墳の天文図は、高麗あるいは隋唐からの影響をうけているとされる（毛利和雄『高松塚古墳は守れるか』）。また、別のキタイ人の墓石には琵琶や笙、太鼓などで子どもたちが合奏をしている様を描写した楽図もある（写真11）。

内モンゴル自治区のバーリン草原の慶州には慶州釈迦仏舎利塔、俗に慶州白塔とよばれる美しい仏塔がたっている。高さは七十メートルを超える塔が遊牧の草原に屹立する様はまさに壮観だ。これは契丹の皇后が夫の追善供養のために建立したもので、一〇四九年に竣工したもの

写真12　慶州白塔とよばれるキタイ人の仏塔。

写真11　キタイ人児童の楽図。

である（写真12）。

塔のレリーフには、前の章でふれた胡人とラクダや、仏教の四天王などがほられている。キタイがほろび、モンゴル人の元朝もチャイナ・プロパーから撤退し、長城の北側のステップを統治していた一六世紀後半から一七世紀前半にかけて、今度はモンゴル人の僧たちがこのキタイ人の慶州で積極的にチベット語の仏典をモンゴル語に翻訳していた（ハイシッヒ『モンゴルの歴史と文化』）。

おそくとも一七世紀中葉まで、慶州一帯は草原の仏教センターのような場所でありつづけた。

北面官がおさめていたモンゴル高原の東部には、建築史ではおなじみの、キタイ式レンガ塔とよばれる密檐式磚塔（みつえんしきせんとう）ものこされている。磚はレンガを意味する。一望無尽の大草原に

写真13　モンゴル高原の東部にたつキタイ人の仏塔。

キタイ人の都城の跡があり、そこにこの仏塔がたっているのをみたとき、私はことばではいい表せない感動をおぼえたことがある（写真13）。このユーラシアの東部草原で、いにしえのキタイ人はインド起源の仏教哲学について思索していたのである。

この種のキタイ式の仏塔が南は北京から、北はモンゴル高原まで、東は旧渤海国から、西は現在の寧夏回族自治区までに一〇〇基以上、たっている。

とりわけ契丹の本拠地である内モンゴル（南モンゴル）におおくみうけられる。塔はキタイの仏教信仰の象徴であり、この時代は「造塔の時代」ともいわれている（藤原崇人「草原の仏教王国―石刻・仏塔文物にみる契丹の仏教」、『契丹仏教史の研究』）。

私があるモンゴル人の僧侶に聞いたところ、

写真14　モンゴル国西部にたつキタイ時代の砦。

仏塔建立の目的は功徳をつむこと、そして土地の悪霊をしずめることだという。おそらくはキタイの時代の有力者もそうした目的で塔をたてたのだろう。

モンゴル国の西部にひろがる草原で、「塔」とならんでキタイ人の時代をいまにつたえるのは「砦」（バルガスン）だ（写真14）。遊牧民の白い天幕が点在する草原で、生活に欠かせない河のちかくに往昔（おうせき）のキタイ時代の城の名残をみることができる。日本同様、シナの城のまわりには堀がある。しかし、モンゴル高原にのこるキタイ人の城址は堀にかこまれてはいない。キタイの戦士は騎馬による戦いに慣れていたので、水で以て城を攻めたりまもったりという発想はなかったかもしれない。

この砦のちかくにも仏塔がある（写真15）。

写真15　モンゴル西部に建つキタイ時代の仏塔。近くの山から取れる石材でできており、内部から大量の仏典が発見されている。白樺の皮に書かれたものである。キタイ文化が伝わった範囲は広く、モンゴル高原にも達していた事実を物語っている。

この仏塔はキタイ帝国期にたてられたものだが、十六世紀、十七世紀には再利用されたようだ。

内部からは白樺にモンゴル語で書かれた大量の仏典が、二十世紀半ば以降みつかっているからだ。モンゴル人には、古くなった仏典を仏塔へ持参しおさめる習慣がある。古い仏典の保管庫（ブンハン）として、キタイ時代の仏塔は活用されていたのである。仏塔と寺院がたちならぶ都城はステップの文化センターだったのではなかろうか。

ちなみに、この仏塔下から発見されたモンゴル語の仏典はドイツやイタリア、それにモンゴル国の研究者らによって研究がすすめられてきた。チンギス・ハーンを仏教の神として称賛する経典もあり、シャーマ

写真16　キタイ帝国の太祖をまつった石室。石室の外壁には天幕を固定する際にもちいる紐類の紋様がきざまれている。石室を天蓋にみたてていたのだろう。

ニズムと仏教が融合していた事実をあらわしている。

また、キタイのユニークな文化には、随所に遊牧民らしさが反映されている。

内モンゴル自治区バーリン草原にあるキタイ帝国の太祖・耶律阿保機の墓、祖陵にある石室は人が歩いて入れるくらいおおきく、外壁に特徴的な紋様がある。これは遊牧民のすみか、天幕を模したものだ（写真16）。キタイは遊牧民族と農耕民族どちらをも統治していたが、王家は遊牧民の血をひいていることをつよく意識し、あの世でも天幕にくらすことになると考えていたのだろう。

## 三　寛容な大夏タングートと元朝

### 西夏文字とは

私のふるさとオルドスには、北魏時代の石窟（せっくつ）がいくつかのこされている（写真17）。そのうちで近年、もっとも脚光をあびたのはオルドス北部、アルブス山中にあるアルジャイ石窟だろう（写真18）。この石窟は敦煌の遥か北、俗にいう「シルクロード草原の道」に位置している。

一九九〇年に発見されたこの石窟は、現在は中国の重要文化財に指定されている。私はこの石窟の調査に参加し、成果を『モンゴルのアルジャイ石窟―その興亡の歴史と出土文書』にまとめたが、これもまた非常にユニークな遺跡である。

石窟の岩壁には仏塔がほられているのだが、キタイ人の仏塔とは似てもにつかない。考古学者にいわせるとこの仏塔はチベット風、典型的な大夏帝国のタングート系のものだという（写真19）。その証拠は、石窟の天井をみあげたところにもある蓮華藻井（れんげそうせい）だ。藻井とは天井の意味で、要するに天井に蓮華の花の模様がほりこまれているのである。どのような模様がほられるかは、時代によってことなる。大夏帝国の時代の石窟の天井は蓮華がほとんどである（写真20）。

いま、このアルジャイ石窟のあるオルドス北西部から黄河を西へわたると、そこはムスリムがすむ寧夏（ねいか）回族自治区だ。寧夏は大夏の本拠地のひとつであり、寧夏回族自治区の政府所在地

写真17　オルドス西部ウーシン旗の沙漠性草原にのこる古い石窟。考古学者たちは北魏時代のものと断定しているが、近代までモンゴル人の僧侶たちに再利用されてきた。

写真18　アルジャイ石窟。現在、中国の重要文化財に指定されている。

写真19　アルジャイ石窟の岩壁にほりこまれた西夏風の仏塔。

写真20　アルジャイ石窟内の蓮華藻井。

写真21　西夏の故地、寧夏回族自治区の首府銀川市の郊外にたつ仏塔。

がおかれている銀川市の郊外の大草原には、大夏タングートのころの仏塔が悠然とたっている（写真21）。レンガづくりであることはキタイの仏塔と同じだが、やはり美的作風はまるでちがう。同時代に鼎立していた国家同士であったために、それぞれ独自性をきそいあっていたのだろう。

大夏は仏教の国であったが、のちに主としてチベット仏教が顕著となっていく。一二二七年にチンギス・ハーンによってほろぼされたあとも、タングートの人びとは西夏語で書かれたチベット仏教の仏典を大切にしてまもってきた。

元朝における西夏語使用の証拠が、北京郊外にある居庸関（きょようかん）にものこされている。これは元の時代に万里の長城にもうけられた関所のうちのひとつだが、そこには、漢文とモンゴル文字、西夏文字などさまざまな種類の文字で仏典が書きこまれている（写真22、23）。

西夏文字は、日本人の目には読めそうでよめない漢字のように映るだろう。それもそのはずで、これは漢字から派生した文字である。この西夏文字は、日本の言語学者・西田龍雄氏によってほぼ解読された。元朝はほかの草原帝国と同様に、複数の言語を同時に運用していたが、そのうちのひとつがこの西夏語である。元朝は、大夏を併合しても西夏語は許容してきたのである。西夏語をふくめた複数の言語が関所でつかわれている事実は、そこを通過する人びとに、自分が大帝国にいることを実感させる効果もあっただろう。

写真22　大元王朝の都、ハーン・バリクこと今日の北京市郊外に立つ居庸関過街塔。

写真23　居庸関にのこる刻文。左からモンゴル文、西夏文。

多言語による記述は、アルジャイ石窟の内部にもみとめられる。モンゴル語とサンスクリット語、それにチベット語でターラー（女神）が賞賛されているのだ（写真24）。壁画の描写と詩歌の記述の内容から、女神はもともとは非常に美しい顔立ちをしていたにちがいないが、残念ながら文化大革命中にほとんど中国人によって破壊されてしまっている。乾燥した大草原のどまんなかの石窟内で、僧侶たちが静かに女神を褒めたたえる讃歌をとなえていた風景は、いまやみられなくなった。また、このアルジャイ石窟のなかからウイグル文字モンゴル語の六字真言がきざまれたレンガが出土している（写真25）。その書風は、敦煌の莫高窟内にあったモンゴル帝国時代の「六体文字碑」の題辞（杉山正明・北川誠一『大モンゴルの時代』）と同じである。

元朝（一二七一～一三六八）はモンゴル帝国の東の一部分とはいえ、さまざまな民族からなる大帝国である。多言語の同時使用は、帝国の多様な文化への寛容性をしめすものだ。多様性をみとめる国家に対しては、

写真24　アルジャイ石窟内の題辞。女神ターラーを称賛したことばがモンゴル文とサンスクリット、それにチベット文で書かれている。

写真25　アルジャイ石窟出土モンゴル文字六字真言のレンガ。

写真26　南モンゴルのオンニュート草原にのこる張応瑞の墓碑。

写真27　張応瑞の墓所にのこる鎮墓獣。

おおくの民族が忠誠をつくす。これが、草原の遊牧文明の特徴のひとつであるといえよう。

南モンゴル（内モンゴル）中央部のオンニュート草原には、一三三五年にたてられたシナ人張応瑞の墓があるが、その墓碑銘には、張応瑞がいかにモンゴルの豪族に貢献したかが、漢文とモンゴル語の双方できざまれている（写真26）。

張応瑞一族はモンゴル化したシナ人であるが、その墓のちかくには鎮墓獣もある。鎮墓獣は墓をまもるためのものだ。シナ人の墓には、あの世で不便がないようにと金目のものを埋葬するのだが、それが盗まれないよう墓をまもるのが鎮墓獣なのだ（写真27）。草原のモンゴル王家に貢献しながら、シナ風の葬送儀礼をおこなっていたこと自体がまた、多様な文化が同時に開花していた証左といえよう。ただし、張応瑞の鎮墓獣はすべて文革時代に中国人によってなぎ倒されてしまっている。

## 四　多様な文明に富むモンゴル帝国

### モンゴル人が受容した禁欲的なチベット仏教

キタイ（契丹）と大夏帝国、そして宋を内包して誕生した多民族多宗教のモンゴル帝国は、儒教・仏教・道教の三つの宗教が共存し、融合した時代といわれている。とはいえ、元朝の配下にあったシナ人の根底には、前述したようにじつに現実的な道教の教えがつよくこびりついていた。

この時代は、現実主義な民間信仰・道教と、阿弥陀仏信仰や弥勒仏信仰との同化が急速にすすんだ時代でもある。阿弥陀仏信仰とは、南無阿弥陀仏という六字名号をとなえれば死後は極楽浄土へゆけるというものである。ここでいう弥勒仏信仰とは弥勒仏下生信仰のことで、天下泰平を実現する弥勒菩薩がこの世にあらわれることをいのるというものだ。

弥勒仏下生信仰の実践者として、当時力をつけていた白蓮教団から生まれた朱元璋をあげることができる。ユーラシア史家の杉山正明氏はつぎのように朱元璋をえがいている（杉山正明・北川誠一『大モンゴルの時代』）。

現実の朱元璋は、悪のかたまりといっていい根暗い人物であった。のしあがる過程でも、いくらでも人を裏切り、平気で旧主や朋友を殺した。……世界史上、朱元璋のような例は、さすがに見当たらない。……

それは、白蓮教のメシア思想が、かれのなかで、まだ生きていて、自分をこそ衆生を救うために下生した弥勒なのだと、おもっていたかもしれない。そのためには、救われる衆生は、かそけくはかなき存在でなければならず、救うべき自分は、絶対唯一の権能者でなければならなかったのか。ともかく、「大明（だいみん）」という国号からして、白蓮教の匂いはつよい。そして、おそらくもはや、かれには、人間らしい心はなかったのだろう。

白蓮教系の宗教結社から、近代にはいってからは義和団が誕生した（「義和団事件」一九〇〇年〜一九〇一年）。どちらも秘密結社である。このような秘密結社は、政情が不安定になると急速に力をのばし、国家転覆をはかる。国家が自分たちをまもってくれないのなら、自分たちの力でなんとかしようと考えるのである。これは義和団がかかげていた反外国主義（扶清滅洋）にも直結する。現代中国が反日主義であるのにはさまざまな理由があるが、白蓮教的な考え方がずっと中華文明のなかに根づいている事実も要素のひとつであるといえる。

中国人が道教を大切にしていた一方で、遊牧民のモンゴル人はどうであったかというと、根底にながれていたのはシャーマニズムである。

大元王朝の首都は大都（現在の北京）だが、そこには太祖チンギス・ハーンがシャーマニズム信仰にそってまつられていたという記録が『元史』などにのこされている。

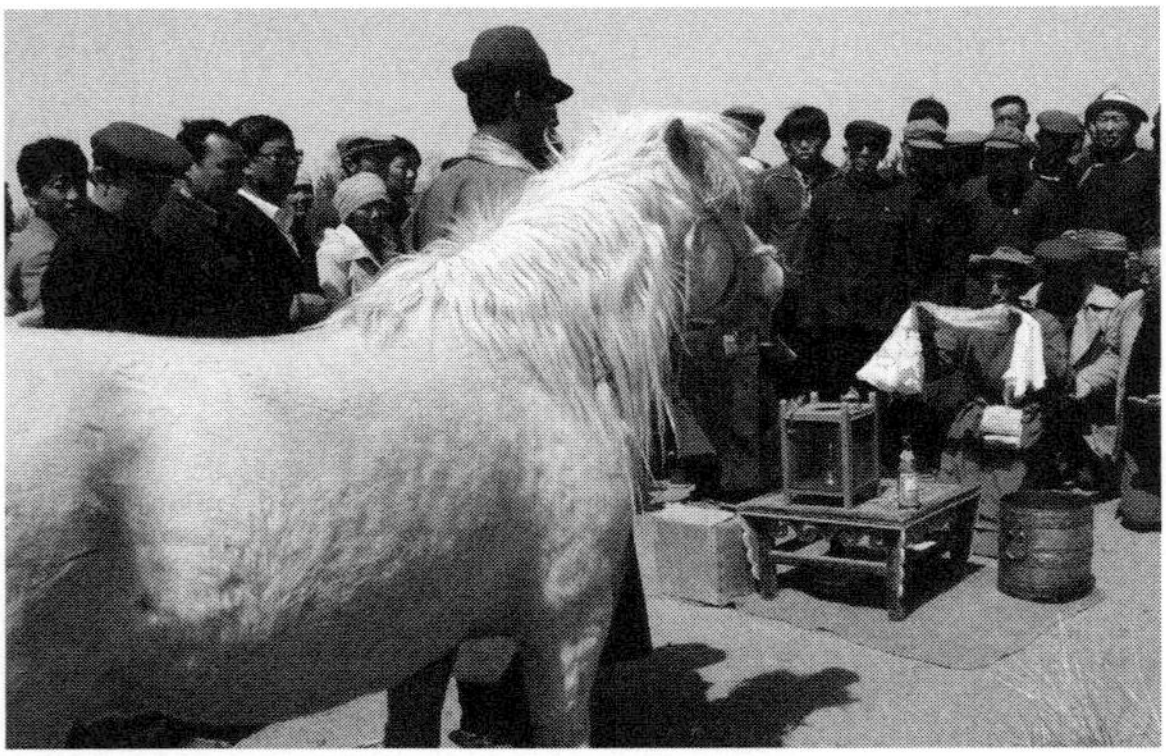

写真28　十三世紀以降につづけられてきたチンギス・ハーン祭祀の風景。白い馬はチンギス・ハーンが乗っていた馬の転生とされている。

オルドスには、元朝からつづくチンギス・ハーンをまつる政治儀礼がある。大都にあった政治儀礼の継承である。政治儀礼ではあるが、チンギス・ハーンの直系の子孫たちが、白い馬に絹を献上する式がある（楊海英『チンギス・ハーン祭祀』）。その馬は、チンギス・ハーンが生前に乗っていた馬の生まれかわりだと認識されている（写真28）。ただし、くりかえしになるが、モンゴル帝国、元王朝は宗教に寛容であったので、チベット仏教は国教の地位にあったが、シナ人の儒教もじつは元朝時代に隆盛をほこっていた。南モンゴルの草原にも孔子を尊崇するモンゴル帝国時代の石碑がのこっている（写真29）。

モンゴル帝国時代のチベット仏教は、元朝の帝室では高い地位を獲得していたものの、草原の遊牧民社会にどれほど浸透していたかは、不明である。一六世紀以降、モンゴル人はふたたびチベット仏教を信仰するようになるのだが、遊牧民のアイデンティティをもつモンゴル人が、禁欲的なチベット仏教をうけいれるには苦労もあったようだ。

写真29　オルドスのチンギス・ハーン祭殿前に立つ孔子加封碑。もともとはシリーンゴル草原にあった。

モンゴル高原にある都市ハラ・ホリム（カラ・コルム）は、モンゴル帝国の首都だったが、その周囲には穏やかな起伏のある草原がひろがっている。チベット仏教が再度、ステップにつたわると、草原の僧たちは往昔の帝都につかわれていた石材やレンガを僧院の建築に活用し、新たにエルデニ・ジョーという寺院群が誕生した。

このエルデニ・ジョー寺院群の裏のある谷間をチベット仏教

の僧侶たちは、なまめかしい女性の秘部（オテュケン）だと解釈した（写真30）。そこで僧侶たちは、男根を模した石を、折れた状態で草原のなかにすえた（写真31）。日本の神社のいくつかが男根を立派な神体としてあつかうのとは正反対だ。女性の身体にみたてた草原の谷間に切断した男根を配置することで、自由奔放な草原の民を禁欲的にせしめようとしたのである。

僧侶たちが「禁欲の男根」を呪いとしてすえた地は、まさに匈奴やテュルクの時代から延々と、遊牧民に愛されつづけてきた「オテュケンの地」、「大地母神の地」である。

## キリスト教とイスラーム教の浸透

ではキリスト教文化についてはどうであったかというと、八四五年に古代キリスト教の教派のひとつであるキリスト教ネストリウス派（唐代に景教とよばれた）がつたわって以来、古代シナでは定着しなかった。しかしモンゴル高原では浸透し、十三世紀にはケレイトやオングートなど、有力な部族に信奉されていたという説がある。ヨーロッパ側が当時いだいていたプレスター・ジョンという幻影は、かれらのなかのハーンのひとりであるかもしれなかった。

プレスター・ジョンは、西欧で十二世紀から一六世紀にかけて、アジアかアフリカのどこかに存在すると考えられていたキリスト教国の国王のことである。プレスター・ジョンのひきいる軍団は、イスラーム教国をたたきのめそうとしていると考えられていた。西洋側にそのよう

写真30　女性の身体の秘部だと解釈される草原の風景。

写真31　草原の「禁欲の男根」。

な幻想が生まれた理由は、モンゴル軍のかかげていた軍旗にあったともいわれている。軍旗にはモンゴル人が神聖視している白いハヤブサの紋章がえがかれているのだが、それがあたかも十字架のようにみえたのだ

写真32　オルドスで古くからまつられてきたモンゴル軍の軍神（チャガン・スゥルデ）。白いハヤブサの紋章がある。この紋章が西方では十字架にまちがえられた。

（写真32）。

十三世紀にキリスト教がモンゴル高原に根づいたきっかけは、一二六八年、ネストリウス派キリスト教徒であったマール・セルギスが西方より元朝を訪れ、帝室に仕えるようになったこととも関係があるかもしれない。その後、一二九四年には、ローマ教皇ニコラウス四世から派遣されたジョヴァンニ・ダ・モンテコルヴィーノがモンゴル帝国の大都を訪ね、今日の内モンゴルの草原にローマ教会堂をたてている。これが、草原のモンゴル人などの遊牧民がカトリックに改宗するおおきなきっかけともなった。有力部族のオングートにもキリスト教の信者がおおかった。そのオングートのくらしていた地域からは、シリア文字のきざまれたキリスト教徒の墓石が数おおくみつかっている（写真33）。モンゴル高原の中北部に割拠していた有力なテュルク系の遊牧民のひとつであったケレイトもほとんどがネストリウス派のキリスト教徒であった。なお代々、そのケレイトの女性はチンギス・ハーン家に嫁いでいる。

写真33　南モンゴルの中央から出土したネストリウス教徒の墓石。

私自身もふくめ、オルドスのモンゴル人のおおくは古（いにしえ）のケレイトの後裔だとのアイデンティティを保持している。わたくしごとで恐縮であるが、わが一族の場合だと、「骨（ヤソ）はケレイトで、氏はオーノスである」。このオーノスの単数形オーノに私は「大野」という漢字をあてて、日本風の名字を創出したのである。

閑話休題。

いまも私のふるさとオルドスには、クリスチャンのモンゴル人が約四〇〇〇人くらしている（写真34）。このなかには、元王朝のころからのクリスチャンも、また

「王様の耳はロバの耳」の民話を欧州にもちかえったベルギー人のような十九世紀の宣教師によって改宗した人もいるだろう（松田孝一「オロンスムの発見と歴史」）。ちなみにカトリックの本部はベルギーの首都ブリュッセルにある。本部の聖職者たちはいまなお、オルドスを訪れたがっているが、中国がそれを頑としてみとめていない。モンゴル人の文化は世界的であるにもかかわらず、現代中国はその支配権内のモンゴル人を極力、同化させて外部との関わりを断ちきろうとしている。寛容な遊牧帝国とはまったく逆の政策である。

写真34　現代のオルドス・モンゴル人の教会。

イスラームについてもふれておこう。

北京にはいまもキタイ時代に淵源するモスクがある。あまり中央アジアにあるようなモスクのようにみえないかもしれないが、牛街清真礼拝寺がそれだ（写真35）。遼の統和十四（九九六）年に建立されたとされている。遼とはすなわち大キタイ国であるから、キタイ時代にはすで

写真35　北京市内にあるキタイ時代に淵源するモスク。

にイスラームが寺院をその南京に所有するほどの力をもっていたのだ。

そのイスラームは、モンゴル帝国の樹立後、神秘主義教団のスーフィーたちの活躍もあって草原にひろがっていく。

スーフィーは、奇蹟を起こす（濱田正美『東トルキスタン・チャガタイ語聖者伝の研究』）。口から火を吹いたり指一本で相撲とりをたおしたりする超能力のもち主とされている。モンゴル人のあいだには古くからシャーマニズムが根づいていたので、そのような力を駆使するスーフィーの姿はシャーマンにかさなってみえたことだろう。改宗は比較的自然な形で進行したのではないか、とみる研究者もいる。

ある宗教が、別の宗教の信者たちの地域を思想的にぬりかえていく途中、従前の設備を活用する。そうした改宗の名残は、寧夏回族自治区南部の同心県にある個性的なモスクにもみられる。このモスクは、チベット仏教の寺院をモスクに改修したものだ。私がはじめ遠くからながめたときは、どうしてもチベット仏教の寺院にしかみ

写真36　寧夏回族自治区同心県内のモスク。モンゴル帝国時代のチベット仏教の寺院を改築したものである。

えなかったが、近づいてみてようやくモスクとなっていると確信できた（写真36）。もともとチベット仏教を信じていたモンゴル人が改宗したのか、あるいは撤退したあとにムスリムがはいってきて再利用したのか、真相はわからない。いま、青海省ではチベット仏教徒とムスリムがごく普通に共存している。ムスリムのなかには、病気になった場合にはチベット仏教の僧侶から薬をわけてもらうという、合理的な考えかたでのくらしをしている人もいる。

　モンゴル帝国時代以降、無数のモンゴル人たちがイスラームに改宗していったが、チベット仏教徒のモンゴル人とムスリムとなったモンゴル人たちは、どちらも自分たちはチンギス・ハーンの子孫だとの政治理念を共有していた。今日の新疆ウイグル自治区東部にハミ（哈密）市がある。このハミ市内にたつハミ王の陵墓も、イスラーム風の建物だ。ハミ王はチンギス・ハーンの次男チャガタイの系統で、かなり早い段階でイスラームに改宗している。遅くとも十六世紀の段階では、かれらはまだオルドスの貴族たちと交流し、たがいに

「チンギス・ハーンの子孫」であるという事実を確認しあっていた、と私のふるさとから誕生したモンゴル語の年代記『蒙古源流』等はつたえている。

## 「ことば」と文字のもつ意味

さてここで、いま一度、文字の話にもどりたい。さきに、西夏文字は漢字から派生したものだとのべた。余談だが、十三世紀を舞台に、西夏語仏典をめぐるタングートとモンゴルとのたたかいをえがいた伊藤悠氏原作のマンガ『シュトヘル』（小学館）がじつに面白い。伊藤氏はつぎのようにロマンチックなドラマを展開している。

十三世紀初頭。史上最強の蒙古軍から「悪霊（シュトヘル）」と恐れられた女戦士がいた。かつては蒙古の脅威に怯える西夏国の一兵士にすぎなかった彼女だが、数々の死線を潜り抜け超人的な強さを手にいれる。一方、蒙古の皇子ユルールは敵方の西夏文字に魅せられ、その行く末を案じていた……。

ともあれ、契丹大字（図1）もまた、漢字を改変したものだ。契丹大字は九二〇年につくられた表意文字である。西夏文字（図3）と同様に漢字に似ているが、やはり西夏文字と同様に、漢字文化圏の一員である、たいていの日本人はよむことができない。

キタイ語はモンゴル系のことばであることがわかっている。キタイ人は大小二種類の文字を創成した。漢字から派生したものを契丹大字と呼び、表音文字のほうは契丹小字（図２）である。契丹文字で書かれる文は、日本語でいう漢字かなまじり文であろう。

図１　契丹大字。

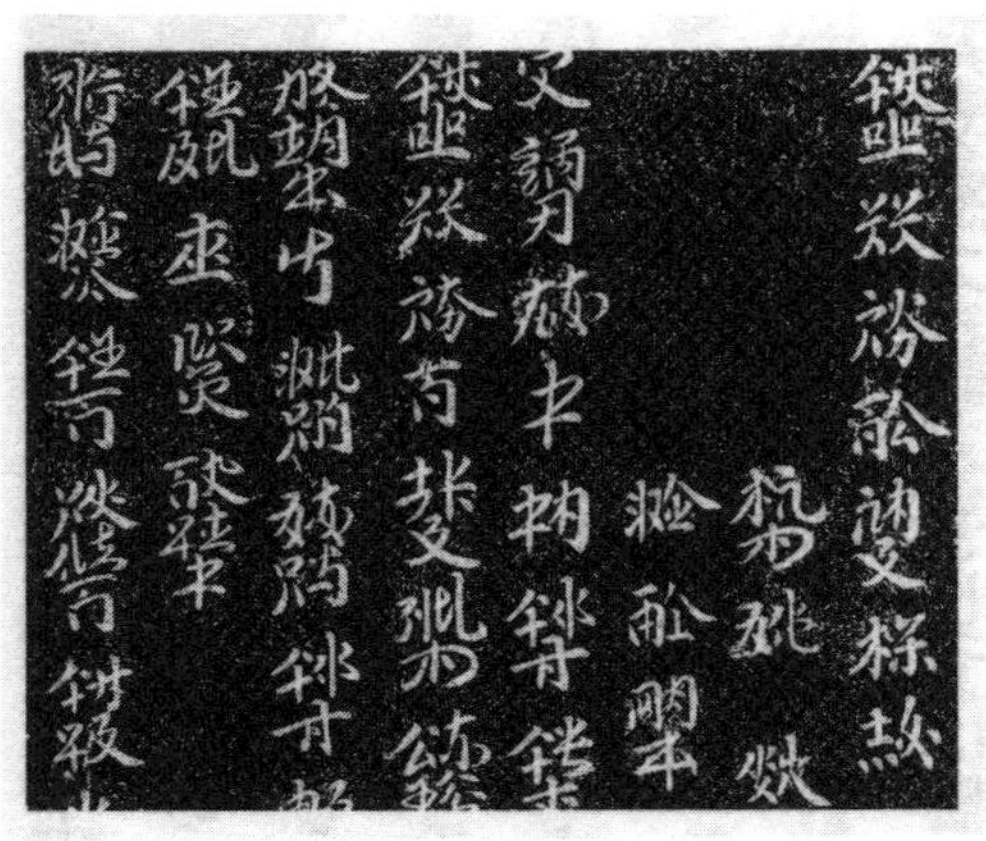

図２　契丹小字。出典:いずれも武内康則「最新の研究からわかる契丹文字の姿」

図3　西夏文字。ベルギー王国スキュート博物館所蔵。

文字の使用は文明学的な戦略だ。西夏もキタイも、漢字をそのままもちいることもできたのに、なぜわざわざ改変をしたのか（図3）。

それは、隣接するシナに同化することを恐れたからだろう。日本からみるとシナは海の向こうにある国だが、キタイと大夏にとっては陸つづきの存在だ。漢字をとりいれ、その文化をうけいれることは、国ごととりこまれることになるのではないかと大変な警戒心をもっていた。オリジナルな文字の創出は、独自の文化の維持のためだったのだ。

こと言語に関しては、モンゴル高原の遊牧の民はずっと西のものを導入してきた。テュルクがもちいたルーン文字しかり、キタイも大夏もしかり、次章でくわしくのべる金もしかりである。

契丹文字は、大キタイ国滅亡後ものこった。内モンゴル社会科学院の研究者、孟志東氏によると、清朝後半の道光年間にいたるまで、雲南省のモンゴル人墓地の墓碑銘に契丹小字がつかわれていたという。フビライ・ハーンは宋を征服する前に雲南を陥落させている。そこから北上して宋をおさえるのだが、このときの軍勢は、モンゴルに帰順したばかりのキタイの人びとで構成されていたとつたえられている。

そのモンゴル軍のなかには、攻め入った雲南に駐屯し、子孫をいまにのこした者もいる。いまの雲南のモンゴル人のなかには、キタイの子孫が少なからずいるはずだ。現在ではモンゴル人と称している雲南省のキタイ後裔のなかには、「阿」という姓があり、これはキタイ帝国の太祖、耶律阿保機の「阿」に由来する、と現地につたわる族譜に書いてある。

内モンゴル北東部に位置するフルンボイルには、ダウールという遊牧狩猟民族がいる。かつてはダウール・モンゴルと自称していたかれらは、近年、自分たちは「契丹の子孫」であると主張している（孟志東『雲南契丹後裔研究』）。かれらがつかうダウール語は、明らかにモンゴル系のことばである。

では、大夏の子孫はどこにいるのか。東チベットにいる羌族（きょうぞく）がそれではないかとも目されている。

# 第六章　最後のユーラシア帝国、清

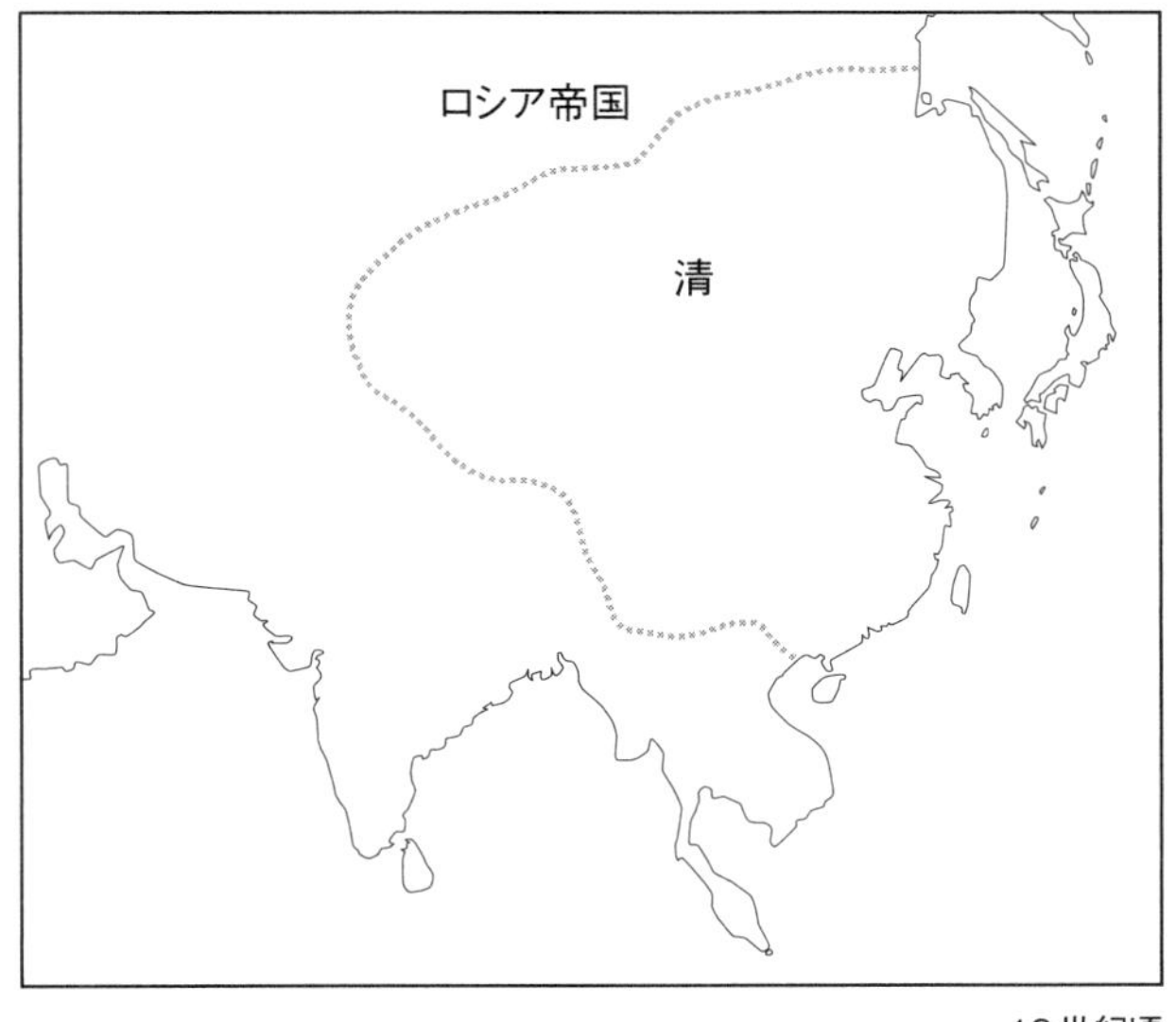


19世紀頃

# 一　ジュシェン人による金王朝と後金国

## 礼節を重んじる遊牧民

清朝は満洲人が建立した帝国であり、中央ユーラシア最後の帝国でもある。一六三六年に建ち、一九一二年にほろんだ。

ロシア帝国は一九一七年に、オスマン帝国は一九二二年に崩壊しているので、ときをほぼ同じくして、ユーラシアの三大帝国が二〇世紀初頭にその歴史に幕をおろしたことになる。

清朝がのこした遺産も、私のふるさとオルドスにはある。とりわけ、清の第四代皇帝であった康熙帝がこの地で狩猟をしていたとか旅をしていたといった伝説が多い。

岡田英弘氏の『康熙帝の手紙』という有名な著作には、康熙帝が旅先から北京にいるわが子にあてて書いた手紙が収録されている。康熙帝はとても筆まめな人であった。

たとえば、一六九六年十一月、康熙帝はフフホト（呼和浩特）から黄河をわたり、オルドス高原で狩猟をたのしんでいる。当時、東トルキスタンと西トルキスタンの両側にさかえていたモンゴル人の王朝、ジュンガル・ハーン国を征服にでかける道すがらのことだった。

わが子への手紙で康熙帝はこのようにしるしている。

「河を渡った後、すぐ巻狩をした。兎や雉が大いに豊富であった。雉を射ようとすると兎がおろそかになる。兎を射ようとすると雉がおろそかになる。板ばさみになって十分に殺せなかった。兎は四十頭ばかり、雉は十羽あまり殺した。雉は肥えていた」

「私がオルドスの地に着くやいなや、オルドス人の生活が立派で、礼儀が昔のモンゴルの伝統をすこしも失っていないのを知った」

「オルドス人の生活状態は整然としている。家畜は豊富で、良馬が多い。チャハル人の生活状態には少々及ばないけれども、他のモンゴル人たちよりはるかに富んでいる。兎を馬上から射るのは見事ではないけれども、全く慣れたものである」

オルドスのモンゴル人は、このころも兎を狩っていたのだ。いまでもモンゴルの人たちは冬になると狩猟をし、兎や狐をシナ人に売っているから、この生活習慣は康熙帝の時代からつづいているものなのだろう。

康熙帝の手紙からは、もうひとつ分かることがある。それは「礼儀が昔のモンゴルの伝統をすこしも失っていない」ことだ。

いまも昔も、モンゴル人をはじめとした遊牧民は、「ヨスン」すなわち「礼節」を命のように大切にする（写真1）。この価値観は、ウイグル人にもカザフ人にも、すべてのテュルク系の人びとにも、また、アフガンにいるパシュトゥーンの人びとにも共通している。遊牧民は義理人情を重視し、他者をもてなす文化をもっているのだ。

写真1　礼節を重んじるモンゴル人同士の挨拶の風景。じつは満洲人も同様にお辞儀をする。1991年春にオルドスで撮影。

二〇〇一年九月十一日に、アメリカで発生した同時多発テロ事件を指導したとされるウサーマ・ビン・ラーディンは晩年の一時、アフガニスタンがわのパシュトゥーン人の家に身をよせていた。パシュトゥーン人がかれをかくまったのは、ビン・ラーディンがアフガンの人びとのためにソ連と戦った実績があるからだという人もいるが、それだけではないと私は思っている。遊牧民のパシュトゥーン人にしてみれば、誰かが助けをもとめて家にやってきたら、その客人を敵にひきわたすなど論外なのである。それが、遊牧民の価値観だ。

これはシナ人の価値観とは正反対である。だから、遊牧民とシナ人は相容れない。道教や儒教の価値観を基にした漢籍にえがかれている遊牧民はとかく野蛮で礼節をしらない粗野な人びととなっている。だが、それは書いているシナ人側の理想とする儒教的な礼節と、遊牧民の考える名誉観や義理人情を重んじる礼節がことなるからだ。もっとも、儒教的な理念が素晴らしいと思っているのもごく一部の読書人であって、歴史的にずっと圧倒的な多数をしめてきた庶民は難解な漢文がほとんどよめなかったので、書物が強調する礼節とは無縁だったのが事実である。

さらにやっかいなのは、一九四九年の共産革命で、毛沢東など中国共産党の指導者がそれまでのシナの伝統文化を破壊したことだ。実権をにぎった農民や労働者階級出身者たちは、青少年時代にじゅうぶんな教育をうけていなかったため、古くからの儒教風の品格や洗練の基準を徹底的に否定し、粗野であることこそが素晴らしいと決めつけた。

その顕著な例が、文字である。一九八〇年代まで中国では、「下手な字」こそ素晴らしいとされていた。それこそが「人民の字」「労働者階級の字」というわけだ。「上手な字」は、ブルジョワ的だとして、否定されていたので、共産革命以降から文革時代に生まれた世代は、私も含めて皆、字が下手である。

学問を軽視した逸話はこれだけではない。

一九七〇年代になって、文革の混乱も落ちつきはじめて、大学入試制度が復活しはじめたころにはこんなことがあった。文革の被害者というか、農村に下放されたりした二十歳前後の大学受験生は無学の世代なので、筆記試験をうけても問題が解けない。私は当時中学生で、その試験監督の手伝いをしたのでよくおぼえている。数学や化学などの問題は、中学生の私にすら簡単に解けそうなレベルだったのに、年上の受験生は首をひねっているのだ。粗野な共産党員が産出した無学の世代である。いまの習近平主席と同じ世代の人たちである。

しかしひとり、試験はできなかったけれど頭の回転のいい受験生がいた。遼寧省興城県出身の張鉄生（一九五〇〜）だ。かれは一九七三年六月の大学入試のさいに白紙の答案を提出し、解答用紙に、問題の答えではなく、「尊敬する指導者へ」と題する党中央に忠誠をつくす旨をつづった手紙をしたためた。毛沢東の甥、毛遠新・遼寧省指導者はただちにこれこそ中国がもとめる大学生だとして、全国的に「反潮流の英雄」と絶賛した。だが、私の中学の先生は「張鉄生のような無学にして粗野な人間にはならないように」と話して、ささやかな抵抗をしていたのである。

話を礼節についての考え方にもどすと、遊牧民とシナ人のそれは相反するものだ。そして、漢籍に詳しい日本人ほど、遊牧民はマナー知らずと思いこんでいる。そう実感する出来事が数年前にあった。

日本の研究者たちとモンゴルへフィールドワークにでかけたときのことだ。そこでくらす人びとの天幕を訪ねたところ、食事をもてなされた。かれらにとってはそれが礼節なので、ありがたくもてなしをうけることにした。

ところが日本人研究者のなかには、遊牧民は、よくいえば自由奔放、ざっくばらん、悪くいえばなにをしても気にしない人びとだと思いこんでいる人がいた。シナ人の漢籍でそうまなんだのだろう。かれは主人が「どうぞ、召しあがってください」とすすめる前に、我先に食事に手をだした。

その日本人研究者の姿はまるで中国人のように、主人の目に映ったことだろう。私が礼節を重んじる伝統が遊牧社会でなによりも大切だと日本人研究者に説明すると、かれは長年の誤解が解けたと苦笑していた。

## 宋中心史観による歪曲

時代を十七世紀にもどすと、康熙帝は遊牧民の礼節を理解した。なぜなら狩猟と遊牧の双方をいとなむ満洲人である康熙帝もまた、ユーラシアの遊牧民的な礼節を重んじる人だったからである。では、モンゴル人の目には、満洲人はどう映ったであろうか。

私が初めて満洲人に会ったのは、高校生のときだった。同じクラスに貴族出身の満洲人がいたのである。かれは中国人すなわち漢人ともおおきくちがっていた。かれのふるまいはとても

写真２　陝西省北部、楡林にある石窟。ここには満洲文字による題辞も多数ある。

優雅で、上品であった。おそらく十七世紀のモンゴル人も、康熙帝に品格を感じていたのではないかと思う。

清朝の名残は、オルドスの南で万里の長城に接する町、楡林にもみられる。ここには無数の石窟があるが、そこには満洲文字で題辞がきざまれている（写真２）。この満洲文字はモンゴル文字をもとにつくられた表音文字なので、ふつうのモンゴル人は、よむことはできるが意味は分からない。満洲文字についてはのちほどふたたび論じる。

## マンチュリアからの出自

満洲についてのべるからには、ハルビンについてもふれなくてはならないだろう。現在の黒龍江省の中心都市ハルビンの駅前には、一九〇九年に伊藤博文を暗殺した安重根の銅像が立っている。

ハルビン駅のむかいにはグランドホテルがあるが、これは当時の大和旅館である（写真３）。大和旅館にはかつてロシア軍将校たちの拠点がおかれていた。道路をはさんで大和旅館の正面には日本総領事館があり、この建物はいまものこっている。伊藤博文はロシアの蔵相と会談するためにハルビンを訪れていて帰らぬ人となった。

写真３　ハルビン駅前の旧大和旅館。内装は日本時代のままである。

日本でハルビンの名がひろくしられるようになったのはこの事件が境であろうが、ハルビンの周辺は十二世紀から十三世紀にかけて、金王朝（一一一五～一二三四）の都でもあった。金王朝は何度か遷都したが、最初の都はいまのハルビン市内にある上京会寧府におかれていた。

ハルビンでは冬になると札幌の雪祭りに似た氷祭りを開催する。私が以前訪れたときには雪像ならぬ氷像のひとつが「大金第一都」という文字をかかげていた（写真４）。ここは金王朝

写真４　ハルピン駅前に立つ大金第一都の氷像。ここは金王朝の第一の都だというわけだ。

の第一の都というわけだ。

その金王朝は正式には「大女真金国」、のちの満洲語では「アムバン・ジュシェン・アルチェン・グルン」という。「女真」は「ジュシェン」という音にあてた文字だ。初代皇帝・完顔阿骨打（ワンイエンアゴダ）によって、突如、樹立された王朝とされている（杉山正明『疾駆する草原の征服者』）。

突如であったようにみえるのは、それ以前に、この地域に関する記録が少なかったからだろう。金王朝は建国後、キタイ（契丹）帝国をほろぼし、一一二五年に宋をいったん滅亡に追いこむ。このとき南へ逃走した人びとは南宋王朝を樹立するが、その南宋も金王朝に絹や女性を貢ぐなどして臣従する。それが歴史の事実である。

しかし中国はその事実をゆがめ、宋中心史観でこの時代の歴史を編纂している。あたかも宋が正統王朝であり、この金王朝やキタイ帝国、タングート人の大夏帝国は「宋の地方政権」であったかのようにあつかっている。これは明らかに誤りであり、大漢族中心史観である。このあやまりを、当然のことながら当時のモンゴル帝国は許容しなかった。

ある王朝を平定し、新しい王朝が誕生したら、ほろぼされた王朝の歴史を編むことは新しい王朝の義務である。どのように前の王朝がかたむき、ほろび、いかなる正統性をもって新王朝が誕生したかを記録にのこさなくてはならないのだ。

モンゴル帝国は自らがほろぼしたキタイと大夏、それに金と宋の歴史をすべて平等にあつかって記録にのこそうとした。杉山正明氏によると、「キタイ国家についての文献史料の柱である『遼史』は、大元ウルス治下において、『金史』『宋史』とともに一三四三―四四年に国家編纂された」という（『疾駆する草原の征服者』）。ウルスとは「くに」の意）。しかしこのとき、旧南宋領内の江南で生きのびていたシナ人の文人、楊維禎が憤慨してモンゴルの大ハーンに手紙を書いた。曰く「宋のみを正統に歴史を編纂してほしい、契丹や金と並べてほしくない」と抗議するのである。大元王朝はもちろん一笑に付しただけで、非現実的なシナ人の要求を相手にしなかった（岡田英弘『読む年表　中国の歴史』）。後世、世界の歴史学者はすくなくとも「対等者のなかの中華」として北宋・南宋をキタイ（契丹）・タングート（大夏）などと比較して位置づけるべきだとしているし、日本の研究者たちの多くも「宋元史観」、つまり宋から元へと政権が継がれたという宋偏重史観から脱却している（杉山正明『世界史を変貌させたモンゴル』）。しかしモンゴル帝国がほろんだあと、歴代のシナ人はふたたび空虚な宋中心史観をとなえ、中共政権発足以降、ますますその史観に固執し今日にいたっている。

## 朱子学と漢字

ともあれ、金王朝は、じつにユーラシア的な王朝であった。かつてのユーラシア的王朝とほぼ同じ政策をとっていて、キタイ（契丹）・タングート（大夏）と同様に、独自の文字を創成している（図1）。

一一一九年に女真大字をつくり、そのおよそ二十年後には女真小字も創成している。大字は契丹のそれと同様に漢字を改変してつくったものだ。一一七三年にはシナ風の漢字をつかった姓をもちいることを禁じているが、これはシナ化をおそれ、ふせぐためである。

なお、女真文字は金王朝がほろんでからも約二百年間、つかわれていた。これは、モンゴル帝国は、金王朝をほろぼしてもそこでつかわれていた文字を使用することは禁じなかったことを意味している。契丹の文字も、清朝の道光年間まで雲南省あたりでつかわれていた。清朝もまた、文字の使用を禁じなかったのである。文化の多様性を尊重したといえる。

一一七九年には、朱熹という人物が南宋朝廷に上奏して時事を論じる。知識人たる朱熹が皇帝に、政権運営や国際関係についてしたためた手紙を送ったのである。これはあまり前例のないことであったが、皇帝はおおいに朱熹を気に入り、中華の南宋という国家をどう位置づけ、周囲にある「夷狄」国家とどのような序列関係を理念的につくるべきかを体系化させるこころみをはじめた。いわば、後世の尊大な「中華思想」の基礎はこのときにつくられたのである。

なお、シナ風の姓が禁じられる十八年前の一一五五年（別説では一一六二年？）に、モンゴル高原ではテムジンが生まれている。その人物は一二〇六年には遊牧集団を統一してチンギス・ハーンと称するようになる。

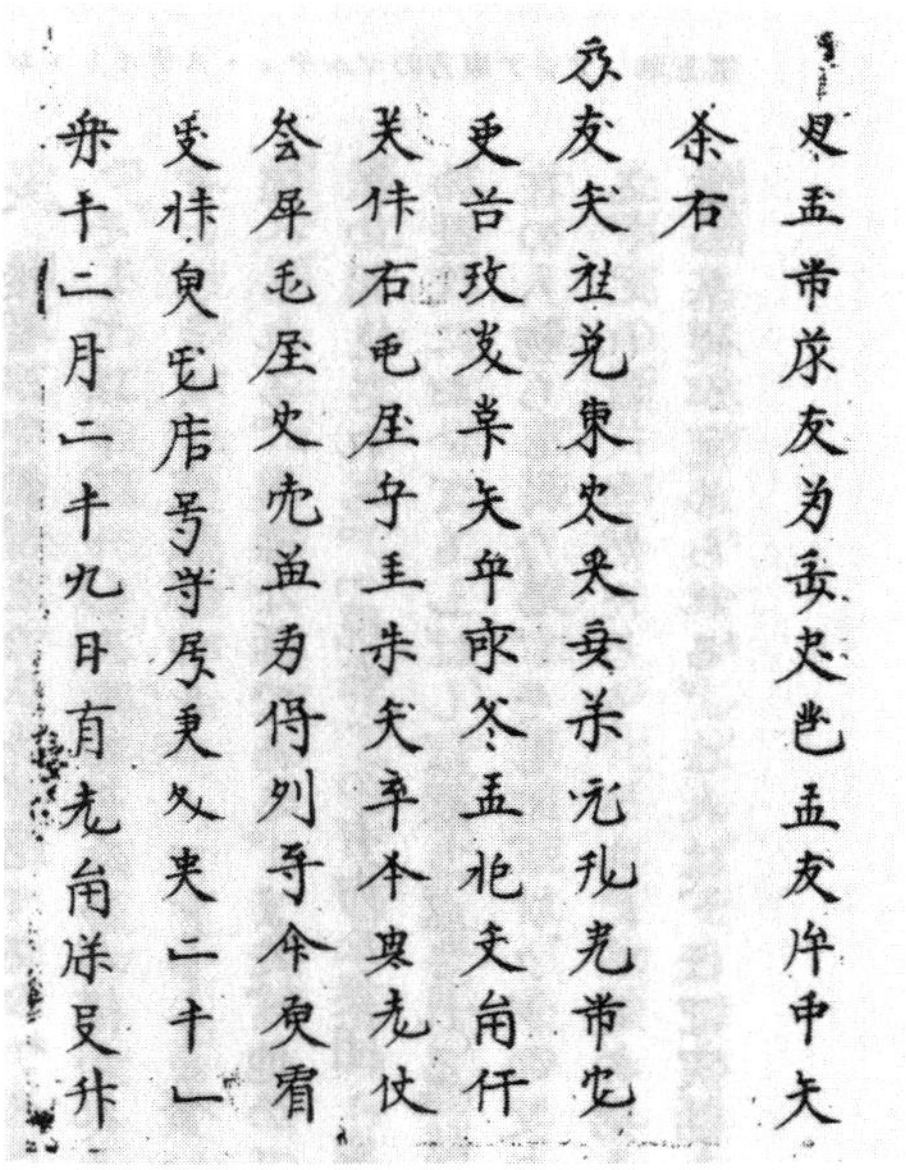

図1　女真文字。
出典：杉山正明『疾駆する草原の征服者』

このころ、金王朝の関心はモンゴル高原ではなく、南宋にむけられていた。金王朝の都がハルビンよりも南にある現在の河南省開封に移されていたことも関係しているだろう。

南にばかり注意をかたむけていた金王朝は、一二三四年、北から攻めてきたチンギス・ハーンによってほろぼされる。その後、モンゴル軍はさらに南下し、一二七九年に南宋を併合し、モンゴル帝国をたてる。そして滅亡した国の歴史を等しく編纂した。

ほろびるまでのあいだ、南宋では新儒教が流行していた。シナではあいかわらず道教が宗教の中心にあったが、そこに古い儒教の教えを組み合わせて当時の現代風につくりかえたものが支持されたのだ。新儒教の骨子が、さきの朱熹による朱子学である。

朱子学でまず強調されているのは、君臣間の忠誠だ。南宋は、つねに国家存亡の危機と隣り合わせにあったため、皇帝は臣下のものたちに忠節をもとめる。そのうえで朱子学は非常に便利な存在だった。

裏を返せば、中華を至上とし、それ以外の諸民族を「東夷南蛮西戎北狄」と位置づける朱子学のような序列の思想を編みださなければ、南宋の人びと、とりわけ知識層は自由で魅力的な遊牧民の王朝へ流出しかねなかったのだ。

なお、元は、宋をほろぼしたあと、朱子学を部分的に保護し、奨励した。日本へも伝わり、徳川時代には漢学とよばれるようになる。どの国においても朱子学は、支配者にとってありがたい思想であった。

一二六九年、モンゴルはパクパ文字を国字に制定し、ウイグル文字との併用をみとめた。しかし、漢字を国字にすることはえらばなかった。

パクパ文字とは、チベット文字の一種の表音文字で、のちに高麗王国にもこのパクパ文字がつたわる。パクパ文字使用の「知識が基礎となって、高麗朝にかわった李氏朝鮮の世宗王がハングル文字を」つくった（岡田英弘『読む年表　中国の歴史』）。ハングルを新たにつくったのは、漢字をつかいつづけることによってシナに同化することをおそれたのだろう。

## マンジュ（満洲）の台頭

話を十四世紀にもどす。

一三五一年に、紅巾の乱（白蓮教徒の乱）が勃発する。白蓮教徒など農民による叛乱で元朝は崩壊していく。

元朝のあとに誕生するのは、中華中心史観的には明朝だが、実際には権力の真空地帯が、今日でいう東北に生じている。

そこでじっくりと力をたくわえたのがジュシェン人であった。そして一六一六年、ヌルハチ（太祖）という人物が後金国をたてる。後金国という名称にはもちろん、自分たちは金王朝を建立したジュシェン人の後裔だというアイデンティティがこめられている。かれは一六一六年に汗位につく。

一六三五年、ヌルハチの子ホンタイジ（太宗）は、モンゴル帝国最後の大ハーンであるリクダン・ハーンをいまの青海省の草原部まで追いつめ、大ハーンの玉璽（ぎょくじ）をゆずりうけた。玉璽は、

写真5　モンゴル人の画家がえがいたモンゴル最後の大ハーン、リクダン・ハーン。写真提供:ホルチャバートル。

シナの歴代王朝および皇帝に代々うけつがれてきた皇帝用の印である（写真5）。

玉璽については補足が必要だろう。そのおよそ三百年前、一三六八年に明が統一され、モンゴル帝国の政権にあった人びとが万里の長城の北へ追いやられたとき、そのときの大ハーンは玉璽を手放さなかった。つまり明には脈々と連なるシナの歴史になくてはならない「伝国の玉璽」を手にしていなかったことになる。この点で、明は正統王朝とはいえない、と草原の遊牧民たちの年代記は認識している。

明の側もそれをよく承知し、コンプレックスに感じていた。だからこそ『明実録』に複数回にわたってしるされているように、何度も玉璽を手に入れようと北のモンゴル草原へ兵をおくり、その都度敗れ、その結果、玉璽を新しく捏造するという暴挙にでる。

モンゴルの大ハーンが元祖の玉璽をずっと手元においていたのは、まだ元はほろんだと考えていなかったからだろう。

その考えの下に守りおかれた元祖の玉璽は一六三五年にホンタイジの手にわたった。ホンタイジはそれにより、名実ともにユーラシア東部草原の大ハーンとなる。遊牧民古くからの即位の儀礼を踏んで、ハーンとしてみとめられたのだ。

チンギス・ハーン以降、ハーンを名のれるのはチンギス・ハーンの直系の子息だけというルールがあった。これはモンゴル高原にかぎらず、広くユーラシア各地に定着していたルールである。ジュシェン人は長いあいだモンゴルの臣下であったので、ホンタイジもその法則はよく分かっていた。そこで、チンギス・ハーンの直系ではないけれど、遊牧社会の伝統にそって玉璽をゆずりうける儀式をへて、ハーンを名のることになった。

その新しいハーン・ホンタイジが一六三六年に新たに制定した国号が「ダイチン」である。漢字を当てると「大清」。これは「大いなる清」ではなく、ただの当て字だ。

モンゴル人もジュシェン人も、「ダイチン」とよび、「満洲」の為政者のことをハーンとよんだ。満洲皇帝とはよばなかった。かれらが皇帝と呼ぶのは、シナの為政者のことである。

玉璽の譲渡をへて、モンゴル人とジュシェン人はパートナーとなった。ダイチンはモンゴルの力も借りてシナを征し、シナをふくめて清朝をつくりあげる。現在もつかわれている新疆という言葉は、約一二〇年後の一七五九年にあらわれる。あのあたりにいたモンゴル人やテュルク人が清朝に帰順したことで、清朝に新たな国土が加わったのだが、「新疆」とはそのようにしてできた「新しい土地」という意味だ。

ホンタイジは一六三六年に国号を「ダイチン」とし、ゆるやかにジュシェンと称していた人びとを「マンジュ」と統一した。

マンジュの由来は文殊菩薩（梵名マンジュシュリーは、大乗仏教の崇拝の対象である菩薩の一尊。一般に学問と智慧を司る仏とされる）である。

シナ北部では古くから文殊菩薩信仰があったが、弾圧をうけ、その中心地は東北へ移って行き、そこで遊牧民の支持を得た。ジュシェン人のあいだにも文殊菩薩信仰は根づき、強くなり、かれらにマンジュを自称させるまでになった。

文殊菩薩は左手に経典を、右手に剣をもつ知恵と学問の神だ。礼節と学問を重んじる遊牧・狩猟の民にその教えは違和感なくうけいれられた。文殊の知恵を授かった人間がマンジュ人というわけだ。

では、マンジュと名乗ったその組織は、いったいどのような民族で形成されていたのだろうか。

## 二　満洲人のルーツはどこにあるのか

## 漢族にながれる満洲・モンゴルの「血」

清朝の皇帝は遊牧民からはハーンとよばれていた事実から明らかなように、マンジュ人の社会内では遊牧民の伝統がうけつがれていた。ハーンは各部族の長による選挙でえらばれた部族会議長のような立場で部族間の結束を強めていった（杉山清彦『大清帝国の形成と八旗制』）。

清朝には八つの有力な部族が連なっていた。それを八旗（はっき）とよぶ。部族ごとにことなる旗をもっていて、正黄、正白、正紅、正藍、そしてそれらに縁取りをした鑲黄、鑲白、鑲紅、鑲藍がある。鑲は縁取りという意味だ。旗のちがいはマンジュ人のあいだの部族のちがいをあらわしていた。各旗に属する者は旗人とよばれた。旗人は貴族の身分である。

しかしそれらはときをへて徐々に変質していく。

ダイチン（大清）はまず東北を統一し、それからモンゴルを支配下に入れた。そののちに万里の長城を越えて明を征服するのだが、その征服のさいには、満洲八旗と蒙古八旗、それに漢軍八旗が構成されていた。

もともと八旗を構成していたのはおおむねマンジュ人だ。そこに、あらたに編入されたモンゴル人や漢人（高麗人）もくわわっていく。おそらく、それぞれに自分はモンゴル人である、はたまた漢人であるという自覚があったにちがいない。それが蒙古八旗、漢軍八旗を生んだ。

さらに興味深いのは、満洲八旗が純粋にマンジュだけで構成されていたかというと、そうではないことだ。モンゴル人でも漢人でも、そうなりたければマンジュ人＝旗人になれたのである。

旗人になるとは、マンジュとしての生き方と価値観をうけいれ、マンジュとして生きることである。出身がモンゴルであるか漢人であるかは関係がない。この考え方は、第二章で論じた匈奴のころから変わっていない。出自や顔かたちにかかわらず、なにを大事にし、どう生きるかで何人であるかを規定するのが、遊牧民の古くからの一般的な考え方なのだ。いわば、人種と民族の垣根を超越した価値観である。

私は以前に、その事実を再確認した。一九九〇年代の調査中にアルタイ山中で遊牧をするカザフ人たちに会ったとき、そのなかにいかにも漢人らしい顔立ちをした人物をみつけたので、あなた方はシナ人なのかと聞いてみた。するとかれらは即座に「ちがう。カザフだ」と答えた。まわりもそれを当たり前のようにうけいれていた。たしかに私が幼いころ、オルドスにも明らかにルーツが漢人の人がいたが、かれらはモンゴル人として捉えられていた。遊牧民にとってはそれがあたり前なのだ。

話を旗人にもどすと、満洲旗人と蒙古旗人、それに漢軍旗人、どの旗人も、マンジュの言葉をある程度、話せただろう。モンゴル人も漢人もマンジュと通婚し、ゆるやかなマンジュ化をすすめた。

旗人たちは、明の領土を手中におさめた大ハーンとともに北京にはいった。大ハーンは紫禁

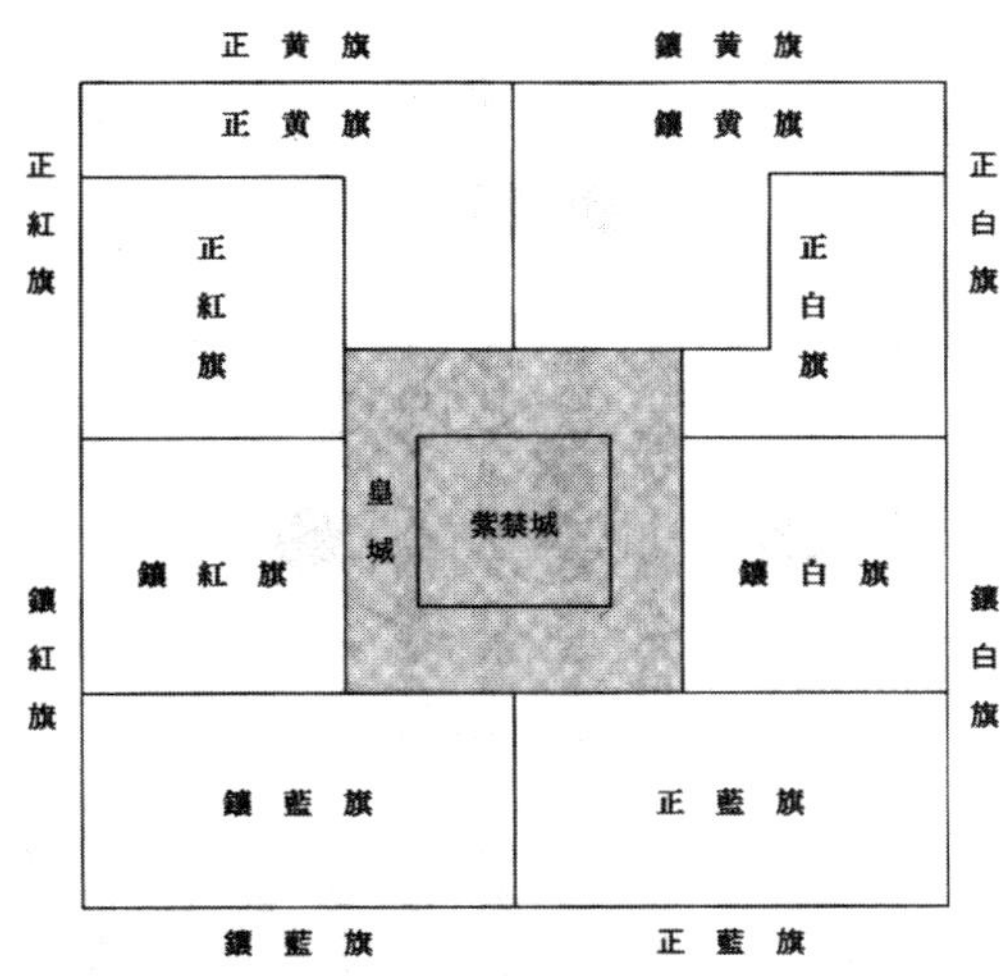


図２　北京の内城における八旗の配置。出典：杉山清彦『大清帝国の形成と八旗制』

城（現在の故宮博物院）に居をかまえ、その周辺を八旗がかためた。正白旗、正黄旗などという名称はその後、北京の地名として定着していく（図２）。

## 漢人の旗人

ここでふたたび黒龍江省ハルビンに目を転じる。そこには日本統治時代の大陸博物館をそのまま継承した黒龍江省博物館があるのだが、そこの展示場に、旗人と民族の関係を象徴するともいえる人物に関する展示がされている（写真６）。

十九世紀の吉林将軍、富明阿（フミンガ）の墓からの出土品だ。吉林将軍といえば、黒龍江省と遼寧省、それに吉林省というマンジュ発祥の地でもある東北三省の最高支配者だ。富明阿の富という姓も、まさにマンジュ人の姓である。

写真6　黒龍江省博物館。日本統治時代の文化遺産である。

ではこの富明阿とは誰かというと、明朝で兵部尚書をつとめた、シナ人袁崇煥の六世の孫にあたる。袁崇煥は明軍をひきいて、万里の長城の山海関の守りを任されていた人物だ。

この袁崇煥とヌルハチ、ホンタイジについては有名な逸話がのこされている。

袁崇煥将軍の軍勢による守りはかたく、ヌルハチもホンタイジもなかなか万里の長城を越えることができなかった。そこでヌルハチの側は知略を講じる。すでに袁崇煥はマンジュと通じていると噂をながしたのだ。

疑い深い明の皇帝はその噂を鵜呑みにした。そして袁崇煥を凌遅（りょうち）の刑という、生きたまま体から肉を削ぐ刑に処する。その結果、袁崇煥の一族は流浪の民となった。漢の皇帝が匈奴に降った李陵一族を処罰するのと同じ手法である。過酷な厳罰思想で人民を統治したのも中華文明の特徴のひとつといえる。

袁崇煥の子どもの袁文弼は、後金国の軍に入隊した。そこで親譲りの能力を発揮し、つぎつぎと軍功を立て、そして漢軍八旗に登用されるまでになる。袁文弼はここでマンジュ風の姓・富をいただく。ただし袁姓も後々までつたわり、富明阿も袁世福という名も同時にもっていた。

富明阿の長男・寿山は日清戦争で日本とたたかい、そののちに義和団の乱でロシア軍と戦ってやぶれ、一家心中をはかっている（写真７）。最後まで大清のために尽力した家系であった。

黒龍江省博物館には寿山に関する展示もあり、そこには「漢軍正白旗人」という文字がそえられている。この一族の元が漢人であることは、この代になってもよくしられた事実であった。

写真７　黒龍江省博物館内にかざられている寿山の写真。漢軍八旗の旗人である。

一九一一年十二月にモンゴル高原が独立を宣言したことの影響を色濃くうけて、三日後に清朝のハーンが政権を放棄。それによって清朝は崩壊し、革命のないまま中華民国が成立する。この中華民国は、五族協和—漢族・蒙古族・満洲族・回（ウイグル）・藏族（チベット族）――を当初はとなえていた。

このとき、清朝の旗人だった人びとは、満洲旗人も蒙古旗人も漢軍旗人もおおくが、満洲民族となった。清朝三〇〇年をささえた人びとの大半は、出自がマンジュであるかモンゴルであるか、漢であるかにはこだわらず、「満洲民族」であることをえらんだのである。のちに中華民国は各地の「満城」に駐在する満洲人を大量虐殺するようになったため、元旗人のなかには漢族を自称するようになる者もでてきた。したがって、現在漢族を自称する人のなかにも、マンジュあるいはモンゴルの血が濃く流れている人は少なくないはずだ。

## 皇帝は神なり

さてこの節は、清朝第六代のハーン、乾隆帝の話で閉じたいと思う。

乾隆帝は当時のハーンにもとめられていたように、公用語のマンジュ語、モンゴル語だけでなく、漢文にも通じ、さらにはトルコ語もでき、アラビア語もまなんでいた多才な人物であった。かれの姿は当時、清朝朝廷に仕えていたイタリア人画家郎世寧ことカスティリオーネによって数おおくえがかれている。

カスティリオーネの西洋風の絵のなかで、マンジュ人の乾隆帝は馬に乗っている。

清朝のハーンは代々、夏には熱河（ジェホール）、いまでいう北京の北にある承徳のちかくにあった木蘭囲場（皇室狩場）で狩猟をするのが通例だった。ユーラシアの遊牧民の指導者たちをまねいては、ともに楽しんでいた。

これは乾隆帝自らも、遊牧民の価値観を重視するユーラシアの大ハーンであることを誇示するためのパフォーマンスであった。

どれだけ学問ができても、馬に乗れなかったり狩りができなかったりするのはハーンの名折れである。武人としても十分な実力をもっていることを、この木蘭囲場での狩りで周囲にみせつけていた。

木蘭囲場のあった熱河には、乾隆帝はチベット仏教風の寺も建立している（写真8）。それはチベットの高僧たちへのサービスでもあったが、乾隆帝は自らも生きたまま神になろうとしていた。いまものこるそのチベット仏教風の寺院には、マンジュ人に信仰されていた文殊菩薩だけでなく、乾隆帝自身が菩薩として描写されている（石濱裕美子『清朝とチベット仏教』）。

清朝史の専門家である杉山清彦氏によると、清のハーンはいくつもの身分の集積である。たとえば先にのべたように、清朝の人びとからみれば八旗を束ねる議長であるし、モンゴルの王侯からみれば玉璽をもつ大ハーンであるし、チベットの高僧からみれば影響力の大きな檀家である。そこに乾隆帝は生神という身分を付け加えようとしたのだ（図3）。

写真８　承徳にたつチベット仏教風の寺院。清朝の皇帝たちはこのような寺院をたてて、チベット仏教の保護者を演じた。

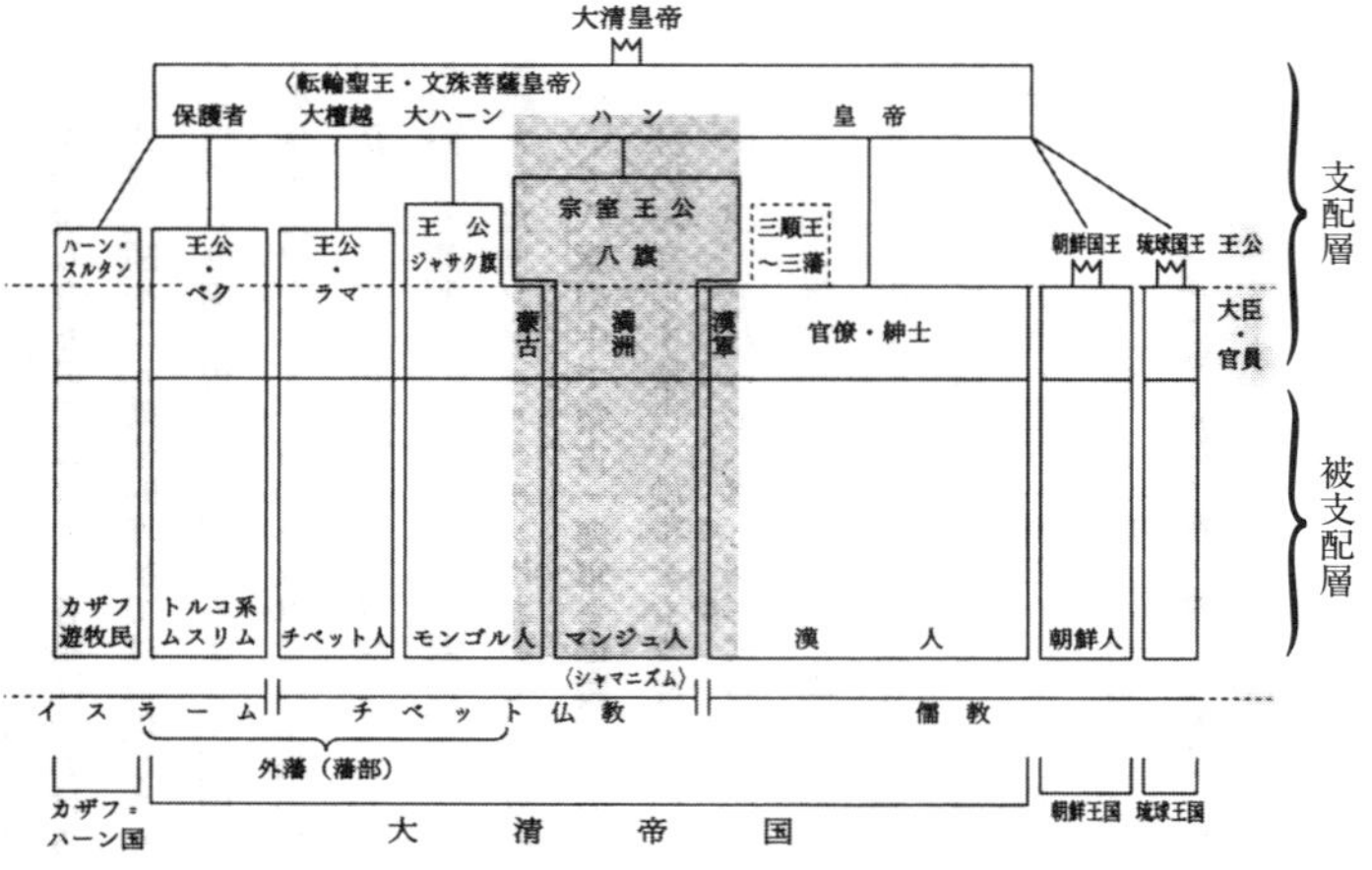


図３　清朝によるユーラシアの遊牧世界と中国本土に対する支配構造。
出典:『大清帝国の形成と八旗制』

## 三　満洲はいつから地名になったのか

### 日本人の満洲経験

ここまでで明らかなように、「マンジュ」とは同じ価値観を共有する人びとをさす言葉である。それがいつからか「地名」の「満洲」と化していくのだが、それには日本がおおきく関わっている。

一六四四年、越前の国の藤右衛門ら五十八人の一行は、乗っていた船が難破し図門江に流れつく。図門江とは現在の中国と北朝鮮の間を流れるトマン河のことだ。トマンはモンゴル語やトルコ語で「万」を意味する。

藤右衛門一行のうちの何人かは地元の住民に殺害されるが、十五人が生きのこる。おりしも一六四四年は、マンジュが明を征して北京に入城する年である。十五人の日本人もそれに合流した。

そして三年後、マンジュ語や漢文をまなびながら生活し、北京、朝鮮、対馬を経由して日本へ帰る。

当時の日本は鎖国をしていたので、帰りついた日本人は幕府によって取りしらべをうけた。その取りしらべ記をもとに編まれたのが『韃靼漂流記』（江戸初期、越前商人の韃靼国（清国）漂流の記録）だ。

満洲の歴史文化を研究していた衛藤利夫氏はその名著『韃靼』のなかで、この韃靼漂流記にもふれているが、注目すべきはこの韃靼（だったん）という名称である。日本では韃靼そば、司馬遼太郎氏の『韃靼疾風録』、ロシア人アレクサンドル・ボロディンによるオペラ『イーゴリ公』にある「韃靼人の踊り」、あるいはシェイクスピアの『真夏の夜の夢』（福田恆存訳）の妖精パックのセリフに登場する「韃靼人の矢」などでなじみがあるかもしれないが、韃靼という言い方を政治的にもちいていたのは明朝である。

韃靼とは、古代シナ人が異民族を差別的によぶときにつかわれた言葉だ。とりわけ明はその言葉を、モンゴル人をさす言葉としてつかってきた。当時の日本人は漢文を通じてユーラシアの知識をえていたので、その呼称に疑問をおぼえることはなかったのだろう。一八〇九年に樺太の調査を終えて帰国した間宮林蔵は、樺太の西の対岸を東韃靼と認識し『東韃紀行』を記している。

しかし同じ一八〇九年の、幕府天文方をつとめた高橋景保（かげやす）による『日本辺界略図』では同じ地域が「満洲」と明記されている。また、一八三二年の、高橋景保と交流のあったフィリップ・フランツ・フォン・シーボルトによる『日本』では「Mandschurei」と記されている。これが欧州に地名そして民族名として伝わっている。それ以前は欧州でも漢文から情報を入手していたためか、その地域のことは「タルタリア（韃靼）」とよんでいた。いま、日本で「満洲」、欧米で「Mandschurei」という言葉がつかわれているのは、高橋景保のおかげなのだが、なぜかれがかの地を満洲とよんだのかは謎のままである（中見立夫「〈地域〉〈民族〉という万華鏡、〈周縁〉〈辺境〉と呼ばれる仮想空間」）。

## 中国の現代文化を創った満洲人

その満洲は、一九三一年の満洲事変を機に翌年日本の植民地となり、そこに満洲国がたてられた。このときに皇帝にかつがれたのが清朝最後の皇帝、愛新覚羅溥儀（あいしんかくらふぎ）だった。「愛新覚羅」とは清朝の皇帝一族の姓で、第六代ハーンの、自ら神になろうとした乾隆帝にも、愛新覚羅弘暦という名がある。「愛新覚羅」は「黄金」を意味し、いま現在、中国にくらす満洲人で金姓を名のっているのは愛新覚羅系の子孫である。

満洲国は一九四五年八月、ソ連蒙古聯合軍によって崩壊し、日本の支配下から脱した（写真9）。

なお、日本でもよくその名が知られている男装の麗人・川島芳子こと愛新覚羅顯玗（けんし）も満洲人である。彼女は満洲の清の皇族である粛親王の十四王女だ。清朝崩壊の最中、長野県の川島浪速氏の養女となり、長野で少女時代をすごす。そして日中戦争、上海事件に積極的にかかわっていく。

中国での彼女の評判はすこぶる悪い。受動的に日本に協力したからというのがその理由である。しかし実際に彼女がのぞんでいたのは、清朝の復活だ。彼女を突き動かしていたのは、満洲人としてのプライドだ。彼女が短い期間連れそった夫はモンゴル人で、その名をカンジュル

写真9　南モンゴルの南部、張北県内にたつソ連・モンゴル人民共和国聯合軍の戦勝を記念したモニュメント。ここは古代から遊牧民の南進の道でもある。ソ連とモンゴル人民共和国聯合軍は日本を追いだしたが、中国による南モンゴル支配が確立された。

ジャブという。かれについてもし興味をお持ちであれば、拙著『チベットに舞う日本刀』および『日本陸軍とモンゴル』をお読みいただければと思う。

川島芳子の願いはかなわず、清朝がふたたびおこることはなかったが、いまの時代にまでおおいなる遺産をもたらしている。

たとえば、第一章でものべたように、いまの中国でつかわれている標準語は北京語をもとにしたものだが、北京語は英語でなんと呼ばれていたかというと、Mandarinである。このMandarinは、「満大人」から来ている。「満大人」とは「満洲の大人」「身分が高い人」のことをさす。つまり、「旗人」だ。満洲旗人たちが話していた言葉が、いまの中国語（標準語）の骨格となったのだ。ついこの前まで、北京に住む人と上海に住む人、台湾に住む人とでは、話し言葉として通じる「中国語」はなかった。

また、いまの中国がモンゴルとチベット、そして新疆ウイグルへの支配を主張する直接の根拠は、満洲人の清朝がそうしていたからである。ただし満洲人の清朝は、それまでの帝国とくらべ、帝国の外とのかかわりが秩序的であった。琉球王国をも射程にいれて、帝国としての清朝のあり方を模索していた。

いま現在、マンジュ語を話せる人、よめる人は少なくなっている。中国（漢族）への同化がすすんだからだ。しかし新疆でくらす、中国がシボ族と称する数万の人びとはじつは満洲人である。かれらは故宮博物院に眠る膨大な量のマンジュ語で書かれた古文書の整理をおこなっている。

もうひとつだけ清朝の遺産を紹介してこの章を終わる。

「チャイナドレス」のことを中国では「旗袍」（チーパオ）という。「旗人のドレス」という意味だ。チャイナドレスは漢人の民族衣装ではなく、満洲の女性が着ていたドレスなのである。深く入るスリットは、馬に乗るためのものなのだ。

日本人が「中国」「漢族」のものと思っているさまざまなものが、じつはそうではないということを知ってほしい。

## 関羽の威を借りる

私からみると、日本人は魏・呉・蜀の三国が争覇した、三国時代の歴史をのべた歴史物語、『三国志』が大好きだ。なかでも関羽（蜀の武将）は人気がある登場人物のひとりだ。徳川家も関羽を買っている。なお、シナ人の支配者も関羽が好きだ。かれが、なにがあっても兄の劉備に仕えた忠義の人だからだ。

満洲のハーンも漢人の反乱をまねかないようにと、関羽を利用した。あちこちに関帝廟をたて、そこに『忠義絶倫』の四文字をきざんだ看板をかかげ、関羽崇拝をすすめたのである（写真10）。

写真10　陝西省北部、長城の麓にたつ関羽廟。

私のふるさと、オルドス高原にちかい、陝西省内の万里の長城のふもとにたてられた関帝廟には、当然のことながらおおきく関羽がえがかれている。ただ、その股の下には、チンギス・ハーンも描写されている。これはなにを意味するのだろうか。

関羽はたしかに忠君思想の象徴だが、同時にシナ人の軍神でもある。その軍神が、モンゴル民族の開祖、チンギス・ハーンを股の下におき、あたかも抑えこんでいるかのように配置されている。これは、実際の関帝廟の建立に当たった漢人の、遊牧民を恐れる気持ちのあらわれでもある。

実際に関帝廟は、北部シナの万里の長城沿いにおおくみられる（写真11）。漢

写真11　オルドス高原の南にある長城。ここは遊牧文明と中華文明との境界である。

人がいただく清朝の上層部マンジュ人もまた北からやってきた遊牧民の価値観をもつ人びとなのだから、遊牧民の象徴をシナ人の軍神の股の下に配置することは反清思想とうけとめられかねない。それでもシナ人は、新たに遊牧民に攻めこまれることを心底、恐れつづけていたのである。

# 終章　現在の中国は歴史に復讐される

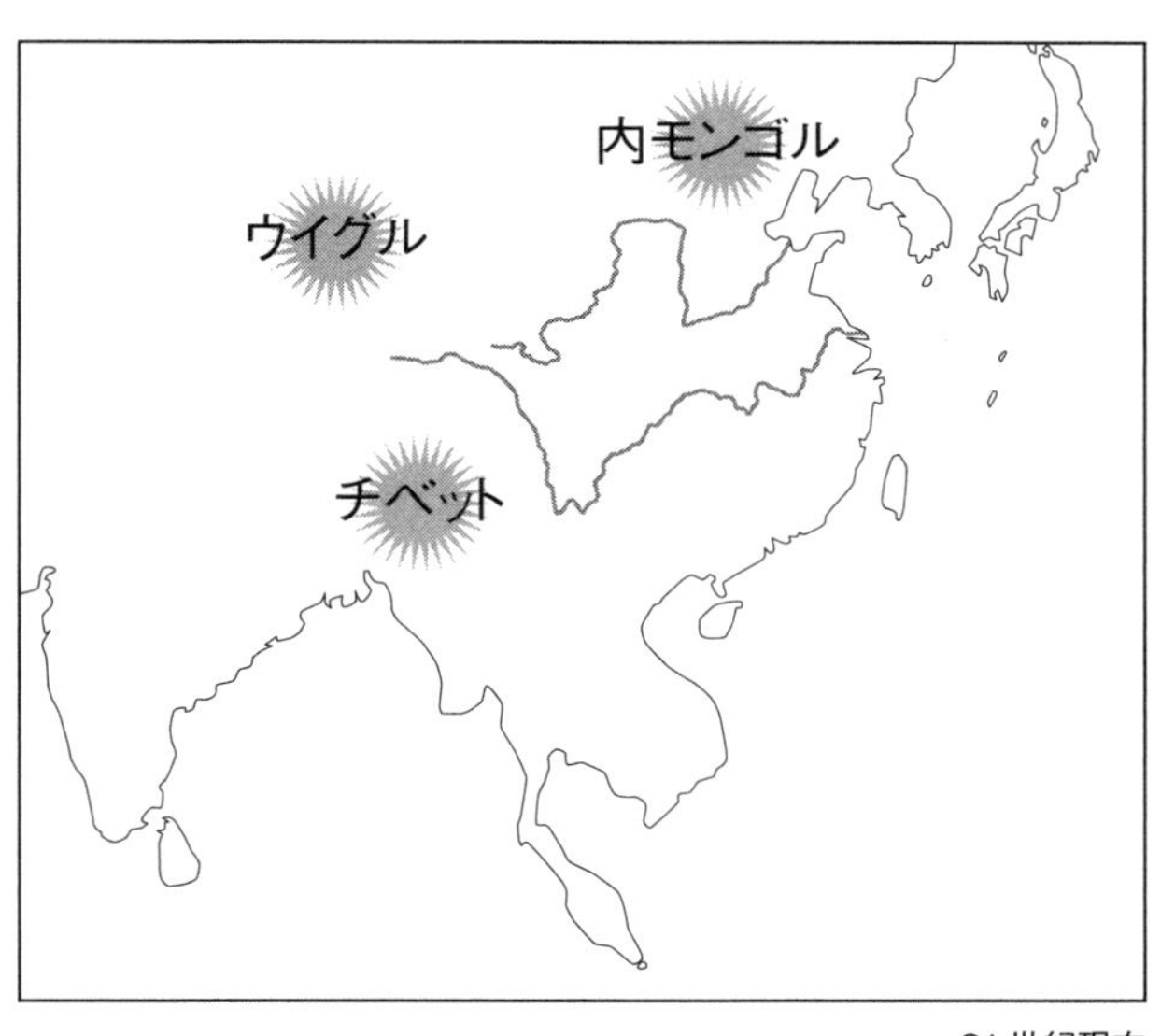


21 世紀現在

## 一 「宗教はアヘン」のマルクス主義と専制主義的思想

### 文明史的にみて、中国人（漢人）政権に共通する弱点

モンゴル人のチンギス・ハーンとその子孫は、十三世紀に朝鮮半島から東ヨーロッパにまたがる広大な帝国を創建した。モンゴルの支配者たちはすべての宗教に布教の自由をあたえ、さまざまな人種と民族があつまり、文化や経済の交流がさかんになった。『東方見聞録』を書いたとされるヴェネツィア商人、マルコ・ポーロも、モンゴル帝国の一部をなす元朝の役人に登用され、雲南などで徴税の実務も担当していたほど、国際的に開かれた国家体制をしいていた。元朝のみならず、世界帝国とよばれるような広い国土をおさめるためには、支配者はあらゆる文化や宗教をうけいれる寛容さが必要とされる。

しかし、比較文明論の視点で農耕シナの歴史、それもとくに宗教思想史をふりかえると、多民族と多宗教の共存を実現した時期と、それに失敗した時期とにおおきくわかれる。興味深い

のは、鮮卑拓跋系の隋や唐をはじめ、モンゴル人の元、それに満洲人の清などのユーラシアの遊牧民が樹立した王朝は宗教的にも寛容で、国際的な大帝国を形成したのに対し、漢や明に代表されるシナ人すなわち「漢民族」が支配した時期には、宗教弾圧や他民族の暴動がたえなかったことである。シナ人がおさめた王朝のほとんどが、信仰の自由をみとめようとしなかった。この文明論的な差異はおおきい。

清がほろんだあとの中華民国、そして現在の中華人民共和国はいずれも中国人すなわち「漢民族」による政権といえよう。そしていまもチベット自治区と新疆ウイグル自治区、それに内モンゴル自治区などを中心に、深刻な民族問題をかかえているのは周知の事実である。

さらに、現在の中国におけるおおきな問題のひとつに、宗教政策があげられる。いまの中国は、表向きには憲法の第三六条で「中華人民共和国公民は、宗教信仰の自由を有する」とみとめている。しかし現実には、政府にとって都合が悪い宗教は、厳しい弾圧をうけている。たとえば一九九九年四月に気功集団の「法輪功」が合法化を求めて北京の中南海で約一万人の座りこみをおこなうと、当時の江沢民政府は活動を禁じて信者をとりしまった。キリスト教に対しても、地方政府が教会を破壊したりする事件があいついでいる。いわば、中国政府にとって都合のよい宗教とは、「神よりも、国を愛することを教える宗教」である。

とうぜんのことだが、おおくの宗教にとって、神や宗教的指導者の存在は、国の権力者よりも上位に位置する。しかし中国では、共産党がおさめる国よりも神をうえにおくことがゆるされない。たとえばキリスト教の場合、カトリック系は「中国天主教愛国会」、プロテスタント系は「中国基督教三自愛国運動委員会」という社会団体に、政府によってまとめられている。

写真1　中国南部雲南省の沙甸地域のモスクにある「愛国」をうったえた看板。この沙甸地域のムスリムは中国共産党による大量虐殺を経験しており、かれらに「愛国」を強制するのは逆効果だろう。

ともに「愛国」の二文字が強制的にいれられ、宗教施設の入り口には「愛国愛教」という看板をかかげ、宗教より国が優先されることを強調している（写真1）。「三自」とは「自治と自養、自伝」の略で、「外国勢力から独立して（自治）、聖職者も自ら養成して（自養）、独自に伝道活動をおこなう（自伝）」という意味である。カトリック系の中国天主教愛国会でも、ローマ法王がもつ司教・司祭の叙任権などを拒否しているため、ローマ教皇庁からはカトリック教会としてみとめられていない。

また現在の中国には、地下教会、あるいは家庭教会とよばれる非公認のキリスト教集団がある。家庭教会といっても、ある集落全体がその教会の信者だということもあり、数百人、数千人という大集団を形成しているケースもある。「三自会」や「愛国会」にはいっていないというだけだが、政府当局による逮捕、拘束は日常的におこなわれており、信者たちと政府の対立は尖鋭化している。

さらにいえば、いまの中国人、すなわち漢人も中華文明の継承者であるし、中国共産党も中華文明の産物である。中国共産党は「宗教はアヘンだ」という西洋生まれのマルクス流のイデオロギーをふりかざしているが、根底にあるのは中華文明の専制主義的思想である。

シナではしばしば民衆の反乱によって王朝がほろんできた。おおくの場合、その引き金となったのは、宗教への弾圧である。たとえば漢王朝がたおれたきっかけは、中国で最初の大規模な宗教反乱だった「黄巾の乱」だった。

モンゴル人の元朝も、シナ人の白蓮教徒が反乱をおこした「紅巾の乱」をきっかけにほろんだ。元は宗教に寛容だったが、モンゴル人の支配からぬけだしたいと考えたシナ人の一部が、白蓮教徒を利用した。元朝をたおした朱元璋は、政権をにぎると掌をかえすように白蓮教を弾圧した。

白蓮教とは、弥勒菩薩が下生して新しい世のなかをつくり、この世の苦しみからすべての命をたすける、と説いて、現実社会のしくみや秩序を否定する教えである。この白蓮教の流れは、地下にもぐったり、形をかえたりしながら、脈々と現在にもつながっている。いまの中国は、宗教に対しても少数民族に対しても、不信と強圧をもってのぞんでいる。そして、それは文明史的にみて、中国人（シナ人＝漢人）政権に共通する弱点でもある。

## 現世利益をもとめる中国人の宗教観

では、中国人の宗教観とはいかなるものであろうか。

中国人の宗教といえば、第三章で詳述したように、儒教と道教であろう。このうち儒教は、宗教というよりは人生哲学、統治方策といったほうがいいかもしれない。『論語』には人間関係など現実的な問題の解決策が説かれているが、神のような現実社会の秩序を超えるような存在は登場しない。

一方、道教は中国の土着的な信仰の集大成といった感がある。その最大の特徴は、圧倒的な現世への執着である。他の宗教のおおくが、死をも問題にし、死後の世界ですくいをもとめるのに対し、中国人がもとめるのは、お金や出世といった、生きているうちにえられる現世利益である。

中国人の信仰では、死後の世界さえ、みごとに現世化されている。死後の世界には、天帝とよばれる神を頂点とした官僚機構が存在する。日本でもよく知られる閻魔大王（閻羅王）は、生前の言動をもとに死者が天国へいくか地獄へ落ちるかを決める裁判官で、任期がすぎると交替人事もおこなわれる。

その現世への執着が端的にあらわれているのが、不老長寿へのあこがれではないか。不老長寿の薬をつくる「錬丹術」は、道教の基本的な要素である。中国初の統一国家をきずいた秦の始皇帝が、部下の徐福に命じて、不老長寿の薬をさがさせた伝説は有名だが、おどろくべきは現代の毛沢東までもがその実践にはげんでいたことである。毛沢東は猟色家として有名だが、かれの主治医だった李志綏の証言では、これは「若い女性と性行為をすると寿命が延びる」という道教の教えによるものだったという（李志綏『毛沢東の私生活』）。比較文明の視点からみると、道教思想に深くそまった中国の指導者のような、妄想にとりつかれたかのような宗教的な実践をする遊牧民のリーダーはあまりいなかったのではないか。

## 三大宗教はなぜ中国に定着しなかったか

宗教は文明の一要素である。
仏教やキリスト教、それにイスラームの世界三大宗教はいずれも早い時期にシナにつたわっていた。しかし、いずれもチャイナ・プロパー（中心部）では定着せず、むしろ周辺の地域や民族によってうけいれられてきた（写真2）。

まず仏教は、紀元前二〇六年から四百年近くつづいた漢の時代に伝来したといわれている。伝来したルートについては二つの説があり、従来、有力とされてきたのは、インド北東部のア

写真２　中国政府によって破壊されたモンゴル草原の仏教寺院。中国共産党も中華文明の産物である。

ッサムを経由して、ベトナム、ラオスと接している雲南地方にはいったという南ルートだった。しかし最新の研究では、パキスタンからアフガニスタンのバーミヤンへとつづく、いわゆるシルクロード、それも北の方の草原の道をとおってモンゴル高原につたわったという北ルートが有力となっている。

当時のモンゴル高原には、匈奴とよばれる遊牧民族がいた。『魏書』の「釈老伝」には、匈奴の単于（王）は黄金の人形をおがんでいた、とするされており、歴史学者のあいだではそれが仏像だったのではないかと考える人もいる。また。仏教の経典『無尽の宝珠』には、黄河の北側、現在の寧夏回族自治区にあたる賀蘭山に匈奴の本拠地があり、夏になると仏教の行者（羅漢）たちが修行したと書かれている。

写真３　モンゴル高原のオルドスにのこる北魏時代の石窟。中心柱風が特徴的である。

しかし、シナ人は仏教をうけいれようとしなかった。漢の第七代皇帝、武帝は紀元前一三六年、儒教を官学にさだめる。一方、北方の遊牧民がシナの北半分を支配した五胡十六国時代（三〜四世紀）には、仏教をふくめたあらゆる宗教がさかえた。このとき魏王となった鮮卑族の拓跋珪が、今日の山西省の大同や河南省の洛陽につくらせた石窟（岩山や岩場をほってつくられた寺院）は、いまでは世界遺産として有名な観光地となっている（写真３）。

六世紀末から十世紀初めに成立した鮮卑拓跋系の隋や唐の時代も、仏教がさかんになる。隋や唐はいずれも匈奴・鮮卑系に淵源する拓跋王朝である。この時代、遣隋使や遣唐使によって日本にもおおくの僧や仏典がわたってきたのである。しかし、その後、日本ではいまも多数の仏教徒がいるが、シナには根づいていない。鮮卑拓跋系の隋や唐の時代が特別だったと考えたほうがいいのではないか。佐藤公彦氏は、「北方民族の北魏の系統をひく唐王朝は仏教の影響力が強く、ヘレニズム的だったが、仏教国にはならなかった」と位置づけている（佐藤公彦『中国の反外国主義とナショナリズム』）。隋や唐も後半にはかぎりなくシナ化していく。文明論的にみると、遊牧民に淵源する征服王朝でも、シナ化すると多彩な特徴がうしなわれる。

## モンゴル高原に定着したキリスト教

キリスト教は唐の時代につたわった。六三五年、ネストリウス派（景教）の宣教団が長安にはいり、三年後の六三八年に皇帝から布教をゆるされている。七八一年に西安にたてられた「大秦景教流行中国碑」という碑文には、景教がシナにつたわるまでの経緯が書かれている。

しかし、唐朝末期の八四五年、景教の布教は禁じられる。このとき伝教者たちが北方の高原地帯にのがれた結果、高原地帯の遊牧民の間に景教がひろまったとみられている。

十二世紀のおわり、遊牧民族の統一にのりだしたチンギス・ハーンに抵抗した王に、ケレイト族のワン・ハーンがいた。当時、モンゴル族よりも規模がおおきく、文明もすすんでいたケレイト族の宗教が景教だった。チンギス・ハーンの攻略で、ケレイト族はやぶれるが、チンギス・ハーン家の後継者は熱心にワン・ハーンの一族から妃をむかえていた。そのためか、元の皇后にも景教の信者がいた（写真４）。

一二七一年、元はローマ教皇と外交関係をむすび、大司教インノケンティウスが派遣される。大司教の死後も、信者たちは元にすみつづけた。元がキリスト教に寛容だった背景には、皇族たちによってうけつがれた、景教の信仰があった側面もあろう。

景教徒であったワン・ハーンは、ヨーロッパのキリスト教社会にひとつの伝説をのこしている。

写真４　南モンゴルにのこる景教信徒の墓碑。

一〇九五年にはじまった十字軍だったが、十二世紀半ばになると、イスラーム教徒の反撃をうけて劣勢を余儀なくされた。このころヨーロッパで広まったのが、第五章でも述べた「プレスター（司祭）・ジョン」の伝説である。東の果てにすむキリスト教徒の王ジョンが、軍勢をひきいて十字軍をたすけてくれるのだ、というなかば希望をこめた伝説である。この「プレスター・ジョン伝説」のもととなったのが、ワン・ハーンだといわれている。

一三六八年、元がほろびると、西北地域のモンゴル人の多くはイスラームに改宗したが、景教徒はその後もモンゴリア南部にのこる。「騎馬民族征服王朝説」でしられる考古学者の江上波夫氏は、一九三〇年代に、内モンゴル自治区のオロンスムでネストリウスの石碑を発掘し、世界的にみとめられた。シナをおわれたキリスト教は、モンゴルで生きのびたといえよう。

## 秘密結社化したイスラーム

七世紀のはじめに成立したイスラームも、唐の時代にシナにはいり、「回教」とよばれ、元の時代に定着した。

モンゴル帝国の統治の特徴は、ペルシャやアラブ、トルコなどを征服すると、被征服民族のなかから人材をえらびだし、役人や軍人として活用したことである。そのためおおくのムスリムが登用され、元に移りすんだ。その影響をうけて、おおぜいのモンゴル人もイスラーム教信者、すなわちムスリムとなったのである（写真5）。チンギス・ハーンの死後、モンゴル帝国の西方半分は四つに分割されたが、そのうち多くの王子たちがイスラームに改宗している。

元をたおした明はイスラームを弾圧したが、それに耐えてシナに根づいたイスラーム教徒は、スーフィーという神秘主義の宗派が中心であった（写真6）。小人数で家族的な信頼で結ばれ

写真５　モンゴル国の首都ウランバートル市内にたつダルビシュ（デルヴィーシュ）像。ダルビシュとは、イスラームのスーフィー教団の成員との意。ペルシャやトルコの寓話的文学のなかで権力や貪欲を嘲笑する人物として登場。スーフィー教団の実態も多種多様で、トルコのメヴレヴィー教団は音楽や舞踊を伴う修行法を取ることで、スーフィー修行者が陶酔的な忘我状態に到る。ウランバートル市内にダルビシュの像を建立したのは、トルコ人の祖先はモンゴル高原に源をもつテュルク人との意識からである。

写真６　中国西北部、寧夏の大地にたつイスラームの聖者墓廟。素晴らしい建築物で、ムスリムたちの心のよりどころとなっている。

たスーフィーは、政府の弾圧を避けて活動するには都合がよかった。ムスリムたちは地下にもぐり、秘密結社となったような環境である。明のシナ人為政者たちはこの動きを危険と感じ、さらに弾圧を加えるという悪循環におちいる。その関係は現在も修復されていない。

一方、現在の中央アジアでは、他の宗教への改宗は少なくない。チベット人はみなチベット仏教を信じているというイメージがあるが、信仰の中心地といわれるラサにはイスラーム教徒もおおくすんでいる。ラサにいる商人のほとんどはインドのカシミール地方等から移りすんだイスラーム教徒で、チベット人以上にきれいなチベット語を話す、と私の大学院時代の指導教官のひとりで、チベット語の世界的な権威である長野泰彦氏はいつもそう強調していた。

面白いのは、このイスラーム教徒たちが病気になるとラマ（チベット仏教の僧侶）をたよることである。チベット仏教では「アーユルヴェーダ」とよばれるインド起源の伝統医学のながれをうけついでいるため、僧たちも医学の研究に熱心である。おおきな寺院には医科大学のような施設マンバラサンがあり、かれらは修行のなかで医学をまなぶ。私が調査した地域では、あるイスラーム教徒がラマに病気をなおしてもらい、チベット仏教に改宗した。しかし、スーフィーの行者がやってきて奇跡をおこしてみせたところ、感動してまたイスラーム教徒にもどってしまった（楊海英『モンゴルとイスラーム的中国』）。

仏教徒とムスリムが共生する地域では寛容の歴史がつみかさねられており、シナ人の悪質な煽動がないかぎり、宗教間に深刻な争いはおこらない。たとえば東トルキスタン（今日の新疆ウイグル自治区）には、石窟や壁画といった仏教遺跡のちかくにイスラームのモスク（礼拝堂）があり、二つの宗教が共生していた。タリバーンやＩＳ（イスラーム国）によって、イスラームは排他的な宗教というイメージがひろまっているが、すくなくとも中央アジアの歴史では暴力で他の宗教を排除するケースはむしろ例外的である。

## 世界帝国モンゴルと宗教

フビライ・ハーン治下の元朝は、チベット仏教を国教にさだめる。その背景にはシナ古来の儒教や道教とはちがう宗教をもちいることによって、「漢民族」との同化をふせぐというねらいもあったと思われる。

フビライはすぐれた政治家で、異民族がシナを支配しようとすると、逆に「漢民族」と同化してしまうことに気づいていた。しかし、モンゴル人の宗教は遊牧と狩猟に根ざした自然信仰、シャーマニズムが基本で、シナのような農耕文明の地をおさめることができるほど論理的ではなかった。そこでモンゴル人はチベット仏教をえらんだ。いまでもチベット仏教の経典には、原始仏教の経典につかわれたサンスクリット語の原語が大量にのこっており、釈迦牟尼の教えにもっともちかいものとしてリスペクトされている（写真７）。逆にいえば、もっとも「漢民族」の影響をうけていない仏教がチベット仏教であり、遊牧民のモンゴル人のシナ化をふせぐためにはもっとも適した宗教であった。多文化の共存に寛容な場合、それぞれの独自性が維持できることも、元朝の宗教政策からみいだすことができる。

ちなみに、のちに仏教改革を志した日本人も、チベット仏教をたよりにした。明治時代以降に日本の仏教界では、漢文に翻訳された経典に疑問をいだき、原典をよもうという運動がおこる。その後、仏教学者の河口慧海や多田等観、西本願寺の大谷家の僧侶といった人びとがチベットにわたり、経典をもちかえっている。

こうして元が仏教やイスラームをとりこんでいくなかで宗教論争が勃発した。それに決着をつけるべく、モンゴル帝国の第四皇帝のモンケ（一二〇八～一二五九）は、チベット仏教と道教、イスラーム、そしてキリスト教の代表者を呼んで、弁論大会（道仏論争）をひらいた。四派の代表者が数週間にわたって、どの宗教が民の利益につながるかなどのテー

写真７　元朝の仏典。西方広目天王を称賛した詩歌。サンスクリットとチベット語、モンゴル語と漢文の四体合璧である。これとほぼ同じ内容の題辞がオルドス高原のアルジャイ石窟内にある。

マで自分の宗教の良さをうったえた。興味深いのは、審判役のモンケが、特定の宗教が勝ったという結論をださなかったことである。これは非常にたくみな政治手法といえるだろう。モンゴル帝国は、すべての文化に寛容であることをしめさなければならず、ひとつの宗教をえらぶことをさけたのである。その戦略は的中し、結論がでなかったことで、四派の代表はそれぞれ回想録のなかで「自分の宗教が勝った」と書きのこし、布教活動をつづけたのである。

このように、モンゴル帝国の統治は、その軍事力だけではなく、巧妙な多民族・多宗教・多文化共存政策によって支えられたのだ。そして、それを支えたもうひとつの武器がモンゴル語だった。

一九八〇年代、チベット自治区ラサ市の博物館から明の時代の外交文書がみつかった。これは明からビルマにあてたものであるが、両国の公用語のほかに、モンゴル語とチベット語でも書かれている。これをみると、モンゴル語が明代のかなり遅い時期まで、アジアの公用語、外交用語としてつかわれていたことがわかる。

現代の中国語は一九一九年にはじまった五四運動のころにつくられたものである。それ以前の漢語は公式な記録をのこすための書き言葉で、中国人以外には難しすぎた。その点、モンゴル語は話し言葉でわかりやすく、書写されたウイグル文字モンゴル語も外交的公用語に適していたのである。

## 排外的王朝、明代シナは文化も不毛だった

一三六八年、シナ人の明が元から政権をうばいとる。さきにものべたイスラームへの弾圧がはじまり、信者たちは北西部の甘粛と寧夏、さらに南の雲南地方にのがれた。とくに雲南地方では元がほろびたあとも、数十年間にわたってモンゴル人が占領をつづけたので、イスラームへの信仰がのこった。現在、政府から迫害をうけたウイグル人の多くが雲南省をとおってタイやミャンマーに逃亡しているが、それをたすけているのは雲南にのこったイスラーム教徒の子孫である。

明代シナでは、仏教に興味をしめす皇帝もいたが、かれらはかならず政権の座から追われ、異端との批判をうけている。

明代シナは異民族の反乱をおそれ、抑圧的な政策をとった。さらに海禁（鎖国）政策も採用し、文化と経済の発展がさまたげられた。川勝平太氏の『文明の海洋史観』によると、モンゴル帝国が崩壊したあとは、「海洋アジア」が西洋に影響をおよぼす時代であった。明代シナはこの「海洋アジアの時代」にものりおくれ、中世ヨーロッパよりも暗黒時代になったとみていい。

元の前の宋も、明とおなじくシナ人の政権であった。しかし、宋の時代は、世界の三大発明といわれる火薬と羅針盤、活版印刷が発明され、現代では世界的に有名な景徳鎮の陶磁器がつ

くられるなど、独自の文化が花開き、経済的にも発展した。このちがいはどこにあるのであろうか。

宋はもともと北部を北方民族のキタイや金人に押さえられていたため、東南沿海部を中心とした「小さなシナ」だったのである。この小さな規模で、シナ人のみの「民族国家」をつくることが、「漢民族」にはもっとも適していると断じていい。明のように宋よりもひろい国土をえて、おおくの他民族を統治しなくてはならなくなると、他の文化、文明をみとめない「漢民族」ではうまくいかないのである。その点は、現代の中国共産党による政権運営とも通ずる。

ちなみに明は十五世紀に大艦隊をアフリカに派遣しているが、この航海を指揮した鄭和はアラブ系のイスラーム教徒で、シナ人ではない。また実際に訪問したのも元が以前につくった拠点都市で、いわば表敬訪問しただけだった。明は本質的には「帝国」ではなかったのである。

## 「文殊菩薩」由来の清朝は開放的

清は一六三六年に成立した満洲人の王朝である。

すでにのべたように、このマンジュ（満洲）という名前は、仏教の文殊（モンジュ）菩薩からうまれている。元から明へうつったころ、ユーラシアの東端にすむツングース系の狩猟・遊牧民族に、文殊菩薩の信仰がつたわった（杉山正明『遊牧民から見た世界史』）。一説によれば、当時、山東省の「漢民族」のあいだで、文殊菩薩信仰はひろまっていた。しかし同じ漢民族の明からその信仰を禁じられたために、渤海湾をとおって、今日の大連あたりに上陸し、ツングース系の人びとと交わる。そして文殊菩薩を深く信仰するようになったツングースの人びとが、自分たちのことを「マンジュ」とよんだ。これが満洲族のルーツであるという。

この清がいかに多民族・多文化国家だったかを端的にあらわすのが、その言語政策であろう。第六代皇帝の乾隆帝は『五体清文鑑』とよばれる辞書をつくる。満洲語とモンゴル語、チベット語とシナ語、それにテュルク系のウイグル語の五カ国語すべてを公用語とし、一冊の辞書にまとめたのである。これは多民族国家をつくるという国の方針を、辞書という形で表したものであった。満洲人が政権の座からしりぞいて、故宮博物院を中国人にひきわたした。故宮のあらゆる宮殿の門には満洲文字とモンゴル語、それに漢字による題辞があったが、中華人民共和国になってから、すこしずつではあるが、すべて漢字だけにかえてしまった。文化の多様性は「漢民族」によって抹消されていく。

宗教政策も同様である。

清の皇帝はみな「自分はチベット仏教の最高の施主である」という立場をとった。とくに乾隆帝は自分のことを菩薩のひとりであると宣言し、自分が中央に鎮座してまわりを諸仏がかこむという仏教絵画をえがかせている（石濱裕美子『清朝とチベット仏教』）。また同時に、清の皇帝たちはイスラームの保護者でもあり、シナ人の皇帝として熱心に回教について研究していた（杉山清彦『大清帝国の形成と八旗制』）。

ただし王朝の後期には、漢民族よりも漢民族らしい皇帝へと変質する。フビライ・ハーンらモンゴル帝国の指導者たちが懸念した「シナ人＝漢民族への同化」がおきてしまうのである。

そして王朝末期の一九世紀後半には、三つの大きな宗教反乱があいついでおこり、清の屋台骨をゆるがせた。

一八五〇年におこった太平天国の乱では、母体となった拝上帝教は、キリスト教の教えをとりいれていた。そのため世界史の授業などでは「クリスチャンによる反乱」と説明されることもあるが、その実態はより深く「漢民族」の社会に根をはったものであった。正統的なクリスチャンではなく、中軸ではキリスト教的な新興宗教である拝上帝教、そして外郭では秘密結社化した白蓮教徒が、乱のにない手となったのである。そのため、太平天国運動期の中国人は反満洲人・モンゴル人であると同時に、反外国的でもあったのである（佐藤公彦『中国の反外国主義とナショナリズム』）。

また日本ではあまりしられていないが、清の滅亡の引き金をひいたといえるのが、一八六二年から七七年までつづいた「西北ムスリム大反乱」である。陝西省でイスラーム教徒と漢人が武力衝突をおこしたことがきっかけとなり、甘粛と寧夏、それに青海に広がる大規模な反乱が発生する。シナ語を母語とする回民とウイグル人、トルコ系のサラール人などが連携し、清は十五年もつづいた反乱の鎮圧のために、すっかりその力をすり減らしてしまったのである（楊海英『モンゴルとイスラーム的中国』)。

そして、一八九九年、義和団の乱がおこる。はじめはキリスト教の布教活動への反対運動だったが、漢民族的な排外主義とあいまって、外国人の排斥運動に発展した。義和団は清朝政府を助けて西洋列強国を国外に追いやるという意味の「扶清滅洋」をスローガンにかかげる。しかし、清朝政府はこれが「反清滅洋」、つまり清朝政府をシナから追いだせ、とかわることを非常に警戒していた。

これは現在の反日運動にも通じる構図である。「愛国反日」を掲げて日系資本のスーパーマーケットなどをおそっていても、いつ「反共反日」に転換するかわからない。中華文明の特質をしりつくしている共産党政府はそれをおそれているのである。

## 二 現在もつづく宗教との衝突

### 宗教大国中国の矛盾

中国の人口は現在、十三億人を超えている。そのなかで、キリスト教徒の数は一億三千万人から一億五千万人といわれ、将来、世界最大のキリスト教国になるという見方まででている。また、イスラーム教徒は一千二百万人を超えている。共産党政府はデータを公表しないが、その膨大な数をおそれて、弾圧をつよめているのである。

一方、中国政府はバチカンのローマ教皇と外交関係をむすぶための話しあいを水面下ですすめてきたが、なかなかまとまりそうにない。本章の冒頭でもふれたように、現在の中国では、教会が政府に管理されているため、バチカンとの断絶から六十年以上が経ったいま、ローマ教会からみた正しいキリストの教えをまなぶことはできないでいる。一億人を超えるキリスト教信者が漢民族の文化に同化した、いびつな教えを信じていることは、ローマ教会の正統性を揺るがしかねない深刻な問題である。そこでバチカンは司祭の任命権を中国からとりもどし、正しい教えをつたえることができる人物をおくりこみたいと考えている。中国政府としては、それをゆるせば、膨大な信者が外国勢力に支配されると、反対のかまえをくずさない。

一方、イスラームではキリスト教のような断絶状態にはない。メッカへの巡礼はいちおう信者にゆるされている。ところが、メッカで教えに接すると、中国で聞いたものとはどうもちがう。そうした宗教的な国家への不信が反共運動へ変わることをおそれて、中国は巡礼を制限している。しかしその一方で、観光という名目でタイやミャンマーに出国し、そこからメッカに向かう「抜け参り」は年々増加し、いまでは公認の巡礼者の数倍にもなったという。

仏教については、チベット仏教とダライ・ラマ一四世への弾圧がよくしられるところである。

一九五九年、ダライ・ラマの身柄をめぐって人民解放軍とチベット人とのあいだで武力衝突がおこった。その結果、ダライ・ラマはインドに亡命し、臨時政府の樹立を宣言した。中国政府は依然としてチベット自治区の独立運動を「分裂活動」とよんで弾圧をつづけている。その背景にはやはり、中国人すなわち「漢民族」がコントロールできない文化や宗教に対する恐怖心があるのである。

## 漢人はなぜ宗教を恐れるのか?

中国人が他の宗教をおそれるのは、かれらの世界観と深いかかわりがあるからである。道教の世界観は「天帝思想」とよばれ、頂点に天上界を治める天帝がいて、天帝に命じられた皇帝が現世をおさめるという構造になっている。つまり宗教的世界観と現実の政治が地続きになっている。

すると、他の宗教をみるとき、中国人は、その宗教の教祖、指導者が「皇帝」であり、教団幹部が「大臣」、信者は「兵隊」と置きかえ可能だとも考えるのである。

つまり、宗教団体がおおくの信者をあつめるということは、かれらの発想では、反体制勢力が革命の準備をおこなっているようなものなのである。だから政府は、外国からはいってくる宗教に対して、本来の教えに修正をくわえて中国人の思想をうけいれることをもとめ、したが

写真８　南モンゴルのフフホト市にある中国人（漢人）のバザールの風景。左から二種類のチンギス・ハーン像のあいだに毛沢東が椅子に座っている。そして、布袋（ほてい）の隣にまた毛沢東像が置かれている。どれも売り物であるが、モンゴル人は中国人がこのような形式で民族の開祖であるチンギス・ハーンが商品化されているのに強烈な不満を抱いている。しかし、中国人からすれば、金になるならば、布袋でも「全国人民の偉大な領袖の毛沢東」でも売る。ましてや異民族のチンギス・ハーンなんか、敬意をはらう必要なんかまったく感じていない。何気ない日常的な風景に、中国人の精神性が具現されている。

わなければ容赦なく弾圧することになる。

それを別の言葉でいうなら、中国人は自分の文化だけが正しく、ほかはすべてまちがっている、もしくは問題にならないほど価値が低い、とする中華思想にとらわれて、他者をうけいれられないのだ、ということになる（写真８）。

それに対して、ユーラシアの遊牧民は、外来の宗教をうけいれることでシナ人＝漢民族との同化を回避してきた。満洲人が文殊菩薩を信じ、モンゴル人が景教からはじまってイスラームと仏教、それにマニ教等を自国の宗教政策にとりこんだのはそのためであろう。逆にいえば、中国の文明はそれだけ同化力があり、注意しなければ清のように溶解し、とりこまれてしまう危険があるということにもなる。

いま、中国では抑圧的な民族政策が失敗し、民衆の暴動が頻繁におこっている。私が二〇一三年に新疆ウイグル自治区を訪れたときには、地元の警察官はウイグル人というだけの理由で職務質問や戸別訪問をおこなっていた。現在でも新疆ウイグル自治区では、イスラーム教徒による反政府運動がさかんである。しかし同じムスリム同士でも、スンニ派とシーア派の力関係は複雑で、表面上はサウジアラビアとの関係が強いスンニ派が優勢のようだが、実際はイランとつながるシーア派の勢力も小さくはない。

さらに無視できないのが、トルコ共和国との関係だ。ウイグル人は中央アジアにひろがる「テュルクの民」の一部と考えられており、連帯意識が非常につよい。同じようにイスラーム教徒が多数をしめるトルクメニスタンやカザフスタン、それにウズベキスタンなどテュルク系の国家の人びとは、一九九一年に旧ソ連から独立し、現在はロシアの影響力からのがれて信仰の自由をえている。ウイグル人も独立したいとつよく願っているが、中国人の共産党政府がそれをみとめるとは考えられない。

中国政府は周辺民族に対して、国内の宗教団体と同じ恐怖を感じている。広い国土とおおくの民族をかかえた国家としては、共生の道をさぐるほうが統治はうまくいくと思われるが、異質な存在はうけいれられないという狭隘な中華思想を捨てることがなかなかできない。現在の中国政府にとって最大の火薬庫は、多数のイスラーム教徒がすむ内陸部だといえよう。

その一方、中国人が支配する中央部においても、経済格差の拡大などを背景に社会不安が広がっている。中国では政権が不安定になると、地下に隠れていた宗教団体が、反乱という形で姿をあらわす。再度、指摘しておくが、一九九九年、一万人を超える法輪功の信者が北京の中南海をとりかこんだ事件は、まさにその例であろう。中国共産党の覇権にほころびが生まれるとすれば、宗教政策の失敗からはじまる可能性が高い、と指摘しておこう。

文明をかたるときには、土地を軸とする方法と、宗教を軸とする方法がある、と梅棹忠夫氏は『文明の生態史観』のなかで強調していた。土地にこだわったわけではないが、本書ではユーラシアの草原部に重点をおいてきた。そして、宗教に注目し、比較文明史の観点からみた場合でも、中国共産党は決して中華文明の異端児ではない。中華文明の寵児であると評していい。中華文明のもっとも排他的な特徴をナショナリズムの形で具現しているので、本書が詳しくのべてきたユーラシアの遊牧文明とは完全に異質な存在となって目立っている。

最後に、梅棹忠夫氏はその名著『文明の生態史観』のなかで、「現代的課題」はなにかというと、生活水準の向上である、と将来に向けてユニークな発言をしていた。ソ連消滅後の「孤独な中国的特色のある専制主義」だけがのこる現在、格差解消などやはり文明論的にくらしの改善について、考えなければならないだろう。

# あとがき

モンゴル人の私は一九八九年三月に博多に「襲来」した。大分県の別府大学で一年間まなんだとき、学長の賀川光夫先生からご自身の名著『農耕の起源―日本文化の源流をさぐる』(講談社)をわたされたときの感動は忘れられない。また、当時、同大学アジア歴史文化研究所所長だった二宮淳一郎先生とは日本に来る前に一度北京でお目にかかったことがあった。先史考古学・古人類学がご専門の二宮先生が北京にある中国古生物研究所を訪問した際の通訳をつとめたのである。北京原人の発掘と中国各地に分布する旧石器や新石器時代の遺跡について先生は熱心にたずねていた。そのとき、私が子どものころに遊んでいたシャラ・オソン・ゴール遺跡の話がでてきて、知的興奮をおぼえたこともまた、私を日本に駆りたてた原因のひとつだったかもしれない。

別府大学では私は中野幡能(はたよし)先生のゼミにでていた。先生は東京帝国大学文学部宗教学科を一九四三年に卒業してから中国戦線に征(い)った。終戦後は蔣介石総統の「以徳報怨」政策で順調に帰国できたので、「古き良きシナは素晴らしく、中共政権はひどい」と証言していた。先生の下で私は宇佐神宮庁所蔵の『宇佐神宮史・資料編』をよまされたが、「漢文」であるのに、まったく歯がたたない経験をした。無能な私をみて、先生は「宇佐信仰も大事だが、モンゴル人のシャーマニズムの話が聞きたい」と話して助け舟をだしてくれた。先生はまたご自身の著書『八幡信仰』と、先生の恩師である東京大学の岸本英夫氏編『世界の宗教』を貧乏学生の私にプレゼントしてくれた。二〇〇二年一二月に私が中国西北部でイスラームのスーフィー教団について調査していたときに、先生の訃報に接した。中国イスラーム社会の実態について中野先生に報告できなかったことが悔やまれる。別府をはなれて大阪に移ったあとも、先生主宰の財団は私に三年間にわたって奨学金を援助してくれた。学恩は一生、忘れられない。

翌一九九〇年に私は大阪にある国立民族学博物館（民博）・総合研究大学院大学に入学した。梅棹忠夫先生が心血をそそいで創立した大学院大学である。梅棹先生の『文明の生態史観』は北京でよんでいたし、先生が戦前に内モンゴルで調査活動をおこなっていたこともちろん、しっていた。世界一流の学者たちがあつまった民博で私はさまざまな薫陶をうけた。そして、一九九一年から恩師の松原正毅教授に追随して新疆ウイグル自治区とカザフスタン共和国、モンゴル国、ロシア連邦の遊牧民世界でフィールドワークを展開した。当時、先生は以下のような科研費プロジェクトを主催していた。

「アルタイ山・天山地域における遊牧の歴史民族学的研究」（平成三〜平成五年）

「モンゴルにおける民族形成の歴史民族学的研究」（平成七〜平成九年）

写真1　一九九五年八月にモンゴル国西北部で私が撮った一枚。前列右から林俊雄氏、濱田正美氏、堀直氏、松原正毅氏、モンゴル国の考古学者ナワーン氏、小長谷有紀氏、モンゴル国の文化人類学者ルハグワスレン氏、萩原守氏。

その後、科研費プロジェクトの代表を小長谷有紀教授がつとめ、「モンゴル高原における遊牧の変遷に関する歴史民族学的研究」を推進した。いずれのプロジェクトにも、私を入れてくださったので、文字どおりに草原の調査で啓蒙教育をうけたのである。調査団は松原先生を団長に、小長谷有紀先生（文化人類学）、濱田正美先生（当時神戸大学文学部教授・歴史学）と堀直先生（当時甲南大学文学部教授・歴史学）、林俊雄先生（創価大学文学部教授・考古学）、萩原守先生（当時神戸商船大学助教授・歴史学）らからなっていた（写真1）。遺跡にたつと、私は巻尺をもって林俊雄先生の測量技術を「盗む」。そして、関連の文献研究を濱田先生と堀先生、それに萩原先生からおそわった。先生たちの口からはヨーロッパ系諸言語の文献だけでなく、ペルシャ語やテュルク語、そしてモンゴル語の文献も瞬時にでてくる。私はいつも逐一メモをし、日本にかえってからは民博の書庫で探してはよみあさったものである。先生たちもその後、さまざまな形で調査の成果を公開している。林俊雄先生はいつも東京から『草原考古通信』をおくってくれるので、毎回、楽しみだった。本書のなかでも、先生たちの著作を引用させていただいた。

じつは、ユーラシアの草原に行く前に、短いあいだだったが、京都大学の東洋史の杉山正明先生が主宰する「元史・世祖本紀を読む会」と「石刻資料の会」にもオブザーバーで参加させていただいた。大阪国際大学の松田孝一先生と大阪大学の森安孝夫先生、奈良大学の森田憲司先生と松川節氏（現在大谷大学）、中村淳氏（現在駒沢大学）らからなる研究会はいつも「モンゴル帝国のように、多言語を駆使」して議論していた。私はかれらからおおくの知識をまなばせていただいた。

最後に、本書は科研費の援助によって、かねてからあたためてきた「牧畜文化解析によるアフロユーラシア内陸乾燥地文明とその現代的動態の研究」（基盤S、研究代表者：嶋田義仁名古屋大学教授、平成二一〜二五年度）の成果をベースにしつつ、新たにまとめたものである。学界の先輩である嶋田義仁先生には公私にわたってお世話になり、いつも温かいご支援をいただいた。とくに、二〇一三年春に二人で新疆ウイグル自治区天山南麓を調査旅行したときは、本書のベースとなる内容をめぐってご教示いただいた。私がいつも「ユーラシア中心史観」に立つと、嶋田先生はきまって「視野をもっとアフリカまでひろげなければ」と諭してくれる。残念ながら、私はまだアフリカについては無知のままでいる。

本書の出版を力づよく押してくれたのは、文藝春秋国際局の下山進氏と仙頭寿顕氏、それに『文藝春秋　special』編集部の前島篤志氏である。本書の終章は『文藝春秋　special』第三十四号、序章は『文藝春秋　special』第三十六号に掲載されたものをおおはばに書きなおしたものである。全体の編集と構成には片瀬京子氏のご尽力をいただいた。記して感謝申しあげる。

二〇一六年（平成二十八年）七月

楊　海英

# 参考文献

## 中国語

赤峰学院紅山文化国際研究中心編　２００６『紅山文化研究』文物出版社
赤峰中美聯合考古研究項目編　２００３『内蒙古東部（赤峰）区域考古調査階段性報告』科学出版社
陳永志編　２００４『内蒙古文物考古文集・三』科学出版社
李范文　２００５『西夏通史』人民出版社・寧夏人民出版社
孟志東　１９９５『雲南契丹後裔研究』中国社会科学出版社
内蒙古自治区文物考古研究所・哲里木盟博物館　１９９３『遼陳国公主墓』文物出版社
内蒙古自治区文物考古研究所・鄂爾多斯博物館　２０００『朱開溝―青銅時代早期遺址発掘報告』文物出版社
内蒙古自治区文物考古研究所・李逸友・魏堅編　１９９４『内蒙古文物考古文集・一』中国大百科全書出版社
内蒙古自治区文物考古研究所・魏堅編　１９９７『内蒙古文物考古文集・二』中国大百科全書出版社
寧夏文物考古研究所　２００３『水洞溝―１９８０年発掘報告』科学出版社
史金波　白濱　呉峰雲編　１９８８『西夏文物』文物出版社
蘇秉琦　２００９『中国文明起源新探』遼寧人民出版社

孫危　2007『鮮卑考古学文化研究』科学出版社
宿白　1996『藏伝仏教寺院考古』文物出版社
田広金　郭素新　1986『鄂爾多斯式青銅器』文物出版社
塔拉編　2010『走向輝煌―元代文物精品特展』内蒙古博物院
烏雲畢力格　2005『喀喇沁万戸研究』内蒙古人民出版社
西藏自治区档案館編　1990『西藏歴史档案薈粋』文物出版社

**日本語**

荒川紘　1991『車の誕生』海鳴社
石濱裕美子　2011『清朝とチベット仏教』早稲田大学出版部
出穂雅実、B・ツォグトバータル、山岡拓也、林和広、A・エンフトゥル　2009「モンゴル東部・ハンザット1旧石器遺跡の第1次調査報告」『日本モンゴル学会紀要』第39号
ウィットフォーゲル　1961『東洋的専制主義』論争社
ウノ・ハルヴァ　1971『シャマニズム―アルタイ系諸民族の世界像』三省堂
梅棹忠夫　1967『文明の生態史観』中央公論社
梅村坦　1997『内陸アジア史の展開』山川出版社
江上波夫　1948『ユウラシア古代北方文化』全国書房
大澤孝　2014「西突厥におけるソグド人」森部豊編『ソグド人と東ユーラシアの文化交渉』勉誠出版

岡田英弘　１９８３「東アジア大陸における民族」橋本萬太郎編『漢民族と中国社会』山川出版社
――２０１２『読む年表　中国の歴史』ＷＡＣ
――２０１３『康熙帝の手紙』藤原書店
――２０１４『岡田英弘著作集Ⅳ　シナ（チャイナ）とは何か』藤原書店
小川環樹　１９５９「勅勒の歌―その原語と文学的意義」『東方学』第十八輯
貝塚茂樹・伊藤道治　２０００『古代中国』講談社
海部陽介　２０１６『日本人はどこから来たのか？』文藝春秋
川勝平太　１９９７『文明の海洋史観』中公叢書
岸本英夫編　１９６５『世界の宗教』大明堂
九州国立博物館　２０１１『草原の王朝契丹―美しき3人のプリンセス』西日本新聞社
窪徳忠　１９７９『中国宗教における受容・変容・行容―道教を軸として』山川出版社
――１９９６『道教の神々』講談社
窪田順平編　小野浩　杉山正明　宮紀子　２０１０『ユーラシア中央域の歴史構図』総合地球環境学研究所
栗田直樹　２０１６『共産中国と日本人』成文堂
小長谷有紀・楊海英編　１９９８『草原の遊牧文明』財団法人　千里文化財団
小長谷有紀　１９９８「地図でよむモンゴル」『季刊　民族学』85号
佐藤公彦　２０１５『中国の反外国主義とナショナリズム』集広舎
沢田勲　１９９６『匈奴』東方書店

杉山清彦　2015『大清帝国の形成と八旗制』名古屋大学出版会
杉山正明・北川誠一　1997『大モンゴルの時代』中央公論社
杉山正明　1997『遊牧民から見た世界史』日本経済新聞社
――1998「世界史上の遊牧文明」『季刊　民族学』85号
――2000『世界史を変貌させたモンゴル』角川書店
――2005『疾駆する草原の征服者―遼　西夏　金　元』講談社
――2008『モンゴル帝国と長いその後』講談社
武内康則　2013「最新の研究からわかる契丹文字の姿」荒川慎太郎・澤本光弘・高井康典行・渡辺健哉編『契丹［遼］と10～12世紀の東部ユーラシア』勉誠出版
中見立夫「〈地域〉〈民族〉という万華鏡、〈周縁〉〈辺境〉と呼ばれる仮想空間」中見立夫編『境界を越えて―東アジアの周縁から』山川出版社
ハイシッヒ　1967『モンゴルの歴史と文化』岩波書店
萩原守　2009『体感するモンゴル現代史』南船北馬舎
橋本萬太郎　1983「漢字文化圏の形成」橋本萬太郎編『漢民族と中国社会』山川出版社
濱田正美　2006『東トルキスタン・チャガタイ語聖者伝の研究』京都大学大学院文学研究科
浜由樹子　2010『ユーラシア主義とは何か』成文社
林俊雄　2005『ユーラシアの石人』雄山閣
――2006『グリフィンの飛翔』雄山閣

――2007『スキタイと匈奴』講談社
――2011「フン型鍑」草原考古研究会編『鍑の研究』雄山閣
藤川繁彦編 1999『中央ユーラシアの考古学』同成社
藤原崇人 2013「草原の仏教王国―石刻・仏塔文物にみる契丹の仏教」荒川慎太郎・澤本光弘・高井康典行・渡辺健哉編『契丹［遼］と10～12世紀の東部ユーラシア』勉誠出版
――2015『契丹仏教史の研究』法藏館
堀喜望 1954『文化人類学』法律文化社
松川節 1998『図説 モンゴル歴史紀行』河出書房新社
松田孝一 2003「オロンスムの発見と歴史」横浜ユーラシア文化館
――2016「西遼と金の対立とチンギス・カンの勃興」科研費報告書『13～14世紀モンゴル史研究』
松原正毅 1998「遊牧からのメッセージ」小長谷有紀・楊海英編『草原の遊牧文明』財団法人 千里文化財団
間野英二編 1999『アジアの歴史と文化8―中央アジアの歴史と文化』角川書店
宮紀子 2006『モンゴル時代の出版文化』名古屋大学出版会
毛利和雄 2007『高松塚古墳は守れるか』NHKブックス
森部豊 2014「八世紀半ば～十世紀の北中国政治史とソグド人」森部豊編『ソグド人と東ユーラシアの文化交渉』勉誠出版
森安孝夫 2007『シルクロードと唐帝国』講談社

護雅夫　1974『李陵』中央公論社
横浜ユーラシア文化館　2003『オロンスム―モンゴル帝国のキリスト教遺跡』
山岡拓也　2012「道具資源利用に関する人類の行動的現代性」『旧石器研究』第8号
楊海英　2001『草原と馬とモンゴル人』NHKブックス
――2004『チンギス・ハーン祭祀―試みとしての歴史人類学的再構成』風響社
――2006「〈河套人〉から〈オルドス人〉へ―地域からの人類史書き換え運動」『中国21』二四号（愛知大学現代中国学会）
――2009「中国が語りはじめた遊牧文明」岡洋樹・境田清隆・佐々木史郎編『東北アジア』（朝倉世界地理講座）朝倉書店。
――2014『モンゴルとイスラーム的中国』文藝春秋
――2016「ステップ史観と一致する岡田史学」藤原書店『機』286号
吉田順一　チメドドルジ編　2008『ハラホト出土モンゴル文書の研究』雄山閣
李志綏　1996『毛沢東の私生活』文藝春秋
レヴィ＝ストロース　1996『神話と意味』みすず書房
若松寛　1999『アジアの歴史と文化7―北アジア史』角川書店

## 欧文とモンゴル文

Tsveendorj (eds), *Mongol Ulsin Tuuh (1-5)*, *Ulaanbaatar*.

James C. Y. watt, 2010, *The World of Khubilai Khan, Chinese Art in the Yuan Dynasty*, The Metropolitan Museum of Art, New York, Yale University Press.

Masami Hamada, 2001, L'inscription de Xiate (Shata), in *Silk Road Studies*, V.

Rintchen,1975, *Matériaux Pour L'Étude du Chamanism Mongol*, Wiesbaden, Otto Harrassowitz.

Tayijiɣud Mansang, *Mongɣol Ündüsüten-ü Bürin Teüke (1-6)*, Liyouning-un Ündüsüten-ü Keblel-ün Qoriy-a.

Uradyn, E. Bulag, 2002, *The Mongols at the China's Edge*, Rowman & Littlefield Publishers, Inc.